“はかどる人”の整理思考

吉澤準特

仕事がスッキリ片づく4つのルール

新星出版社

はじめに

「あの人はどうして仕事をテキパキこなせるんだろう」

社会人になって最初の数年、そんな思いを抱えていました。コンサルタントという仕事は、日々多くの作業に取り組まなければいけません。しかし、並行作業が増えすぎて、やらなければいけないことを見落としてしまったり、手戻りで締め切りに間に合わなくなったりと、自分の仕事のできなさに悩んでいました。

一方で、私以上に作業を抱えている先輩社員は、どんどん発生する新しい作業をテキパキとスムーズに処理しています。最初は「私とは地頭が違って才能があるんだろうな」と思い込んでいたのですが、同じチームで仕事をしているうちに、あることに気づいたのです。

それは「整理する力」の違いです。

先輩社員を含め、テキパキと物事に取り組んでいる人たちは、あるテクニックを実践していました。これは属人的なものではなく、やり方さえ知っていれば誰でもできる再現性のあるものです。

本書では、それらを仕事のルールとして4つの観点でまとめています。

1　はかどる人の思考
2　成長する人のインプット
3　頼れる人のアウトプット
4　仕事がうまくいく問題解決

「はかどる人の思考」とは、仕事の量と自分のキャパシティを見極め、無理なく仕事に取り組むためのルールです。「成長する人のインプット」とは、前提の抜け漏れをチェックし、当事者の認識を揃えるためのルールです。「頼れる人のアウトプット」とは、こちらの意図を的確に理解してもらうためのルールです。「仕事がうまくいく問題解決」とは、悩みを論理的に分解して合理的な判断を下すためのルールです。

これらのルールに従えば、仕事のやり方でいちいち悩まず機械的に仕事に取り組めるようになり、その分、中身を議論する時間を確保することができます。

本書を読み進めて、その効果を確かめてみてください。

吉澤準特

本書の使い方

①フレームワーク解説

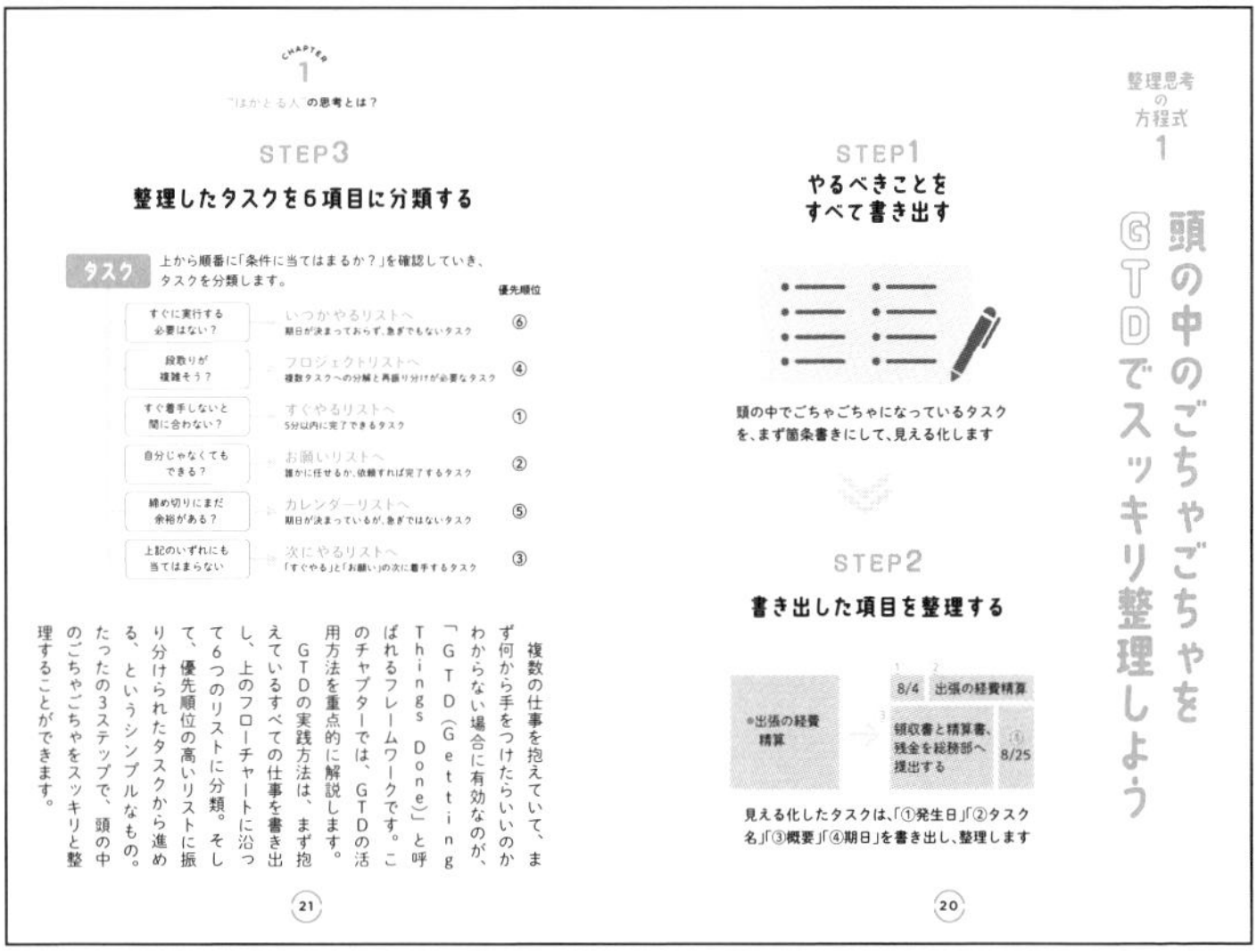
CHAPTER 1
"はかどる人"の思考とは？

整理思考の方程式 1

頭の中のごちゃごちゃをGTDでスッキリ整理しよう

STEP1
やるべきことをすべて書き出す

頭の中でごちゃごちゃになっているタスクを、まず箇条書きにして、見える化します

STEP2
書き出した項目を整理する

●出張の経費精算

8/4 出張の経費精算
領収書と精算書、残金を総務部へ提出する
④ 8/25

見える化したタスクは、「①発生日」「②タスク名」「③概要」「④期日」を書き出し、整理します

20

STEP3
整理したタスクを6項目に分類する

タスク 上から順番に「条件に当てはまるか？」を確認していき、タスクを分類します。

		優先順位
すぐに実行する必要はない？	いつかやるリストへ 期日が決まっておらず、急ぎでもないタスク	⑥
段取りが複雑そう？	プロジェクトリストへ 複数タスクへの分解と再振り分けが必要なタスク	④
すぐ着手しないと間に合わない？	すぐやるリストへ 5分以内に完了できるタスク	①
自分じゃなくてもできる？	お願いリストへ 誰かに任せるか、依頼すれば完了するタスク	②
締め切りにまだ余裕がある？	カレンダーリストへ 期日が決まっているが、急ぎではないタスク	⑤
上記のいずれにも当てはまらない	次にやるリストへ 「すぐやる」と「お願い」の次に着手するタスク	③

複数の仕事を抱えていて、まず何から手をつけたらいいのかわからない場合に有効なのが、「GTD（Getting Things Done）」と呼ばれるフレームワークです。このチャプターでは、GTDの活用方法を重点的に解説します。
GTDの実践方法は、まず抱えているすべての仕事を書き出し、上のフローチャートに沿って6つのリストに分類。そして、優先順位の高いリストに振り分けられたタスクから進める、というシンプルなもの。たったの3ステップで、頭の中のごちゃごちゃをスッキリと整理することができます。

21

章の冒頭では、思考を整理するために使う" 方程式（フレームワーク）"の活用方法について解説しています

スキルアップのために本を買ってみたものの、「読んで満足したけど、記憶には残らなかった」「なるほどとは思ったが、自分の仕事には活かせそうにない」。そんな経験を持っている人も少なくないのでは？
本書では、どんな人でも仕事がはかどる〝方程式（フレームワーク）〟を4種類に厳選。方程式の活用方法を、具体的な事例とともに詳しく解説することで、「実際に使えて、仕事の効率が上が

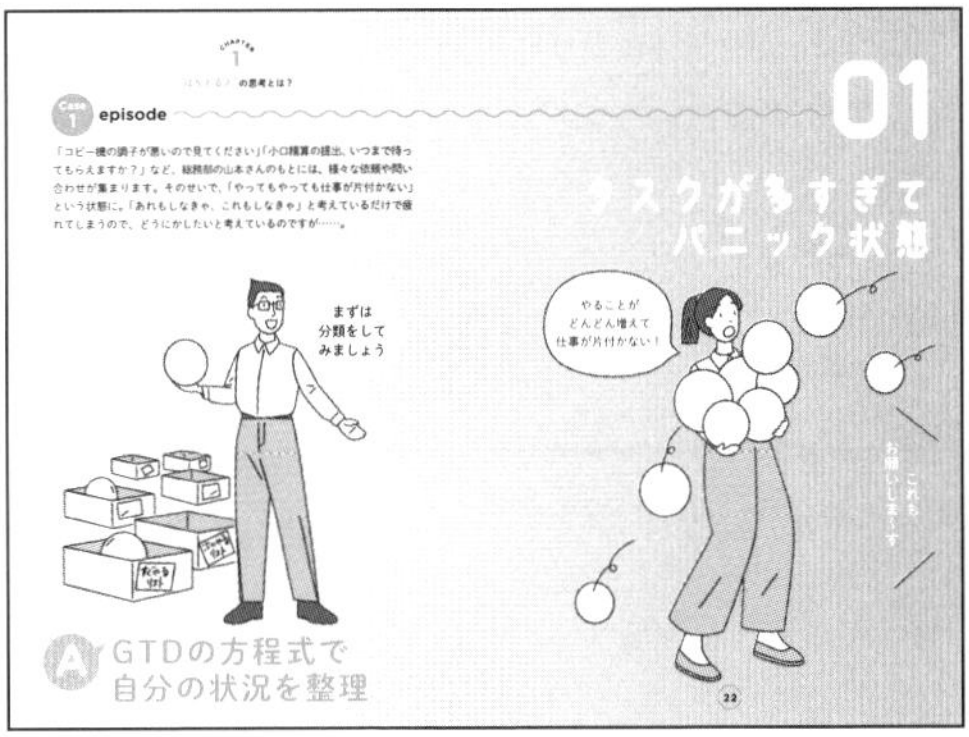

②事例

章ごとに、その方程式が使える事例をまとめました。多くの人が抱えている“あるある”な悩みを、イラストとエピソードで紹介します

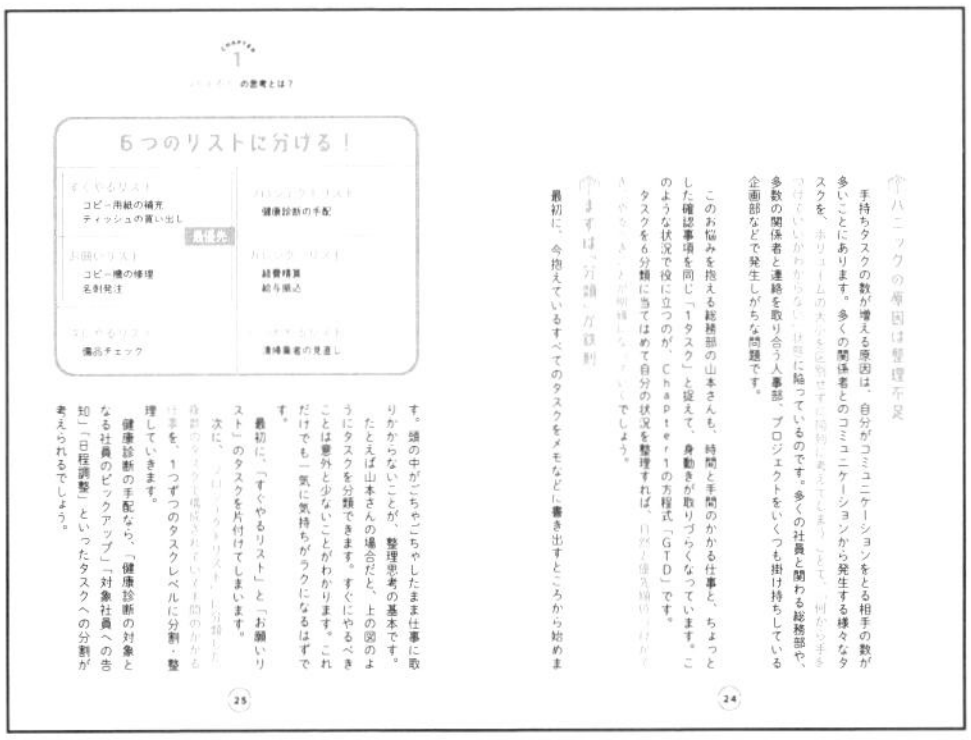

③解決策

続くページでは、エピソードの具体的な解決方法を示しつつ、方程式の活用方法を徹底解説しています

るビジネス書」を目指しました。

まずは、自分が抱えている悩みに似たケースから読み始めて、「整理思考」の方法をまねしてみてください。

次に「自分ならこう考えるけど、どうだろう？」と、シミュレーションをしながら読むことをおすすめします。実際の悩みを方程式に当てはめて考えるのもいいでしょう。そうすれば、自然と「整理思考」ができるようになります。

Contents

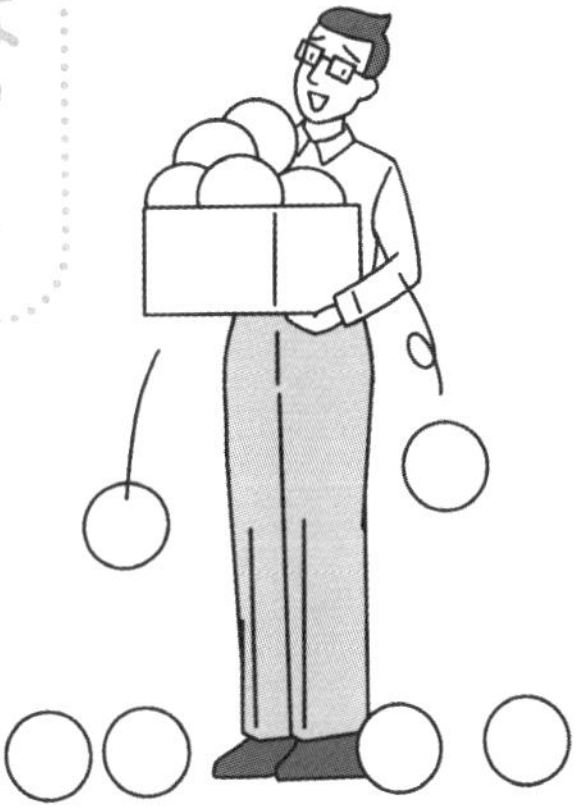

CHAPTER 2

“成長する人”のインプットとは？

Contents

column
心がラクになる整理思考

カバーデザイン：渡邊民人（TYPEFACE）　本文デザイン：谷関笑子（TYPEFACE）
執筆協力：寺井麻衣　イラスト：ミヤザキコウヘイ
ＤＴＰ：田中由美　編集協力：有限会社クラップス

「仕事ができない=能力がない」はウソ

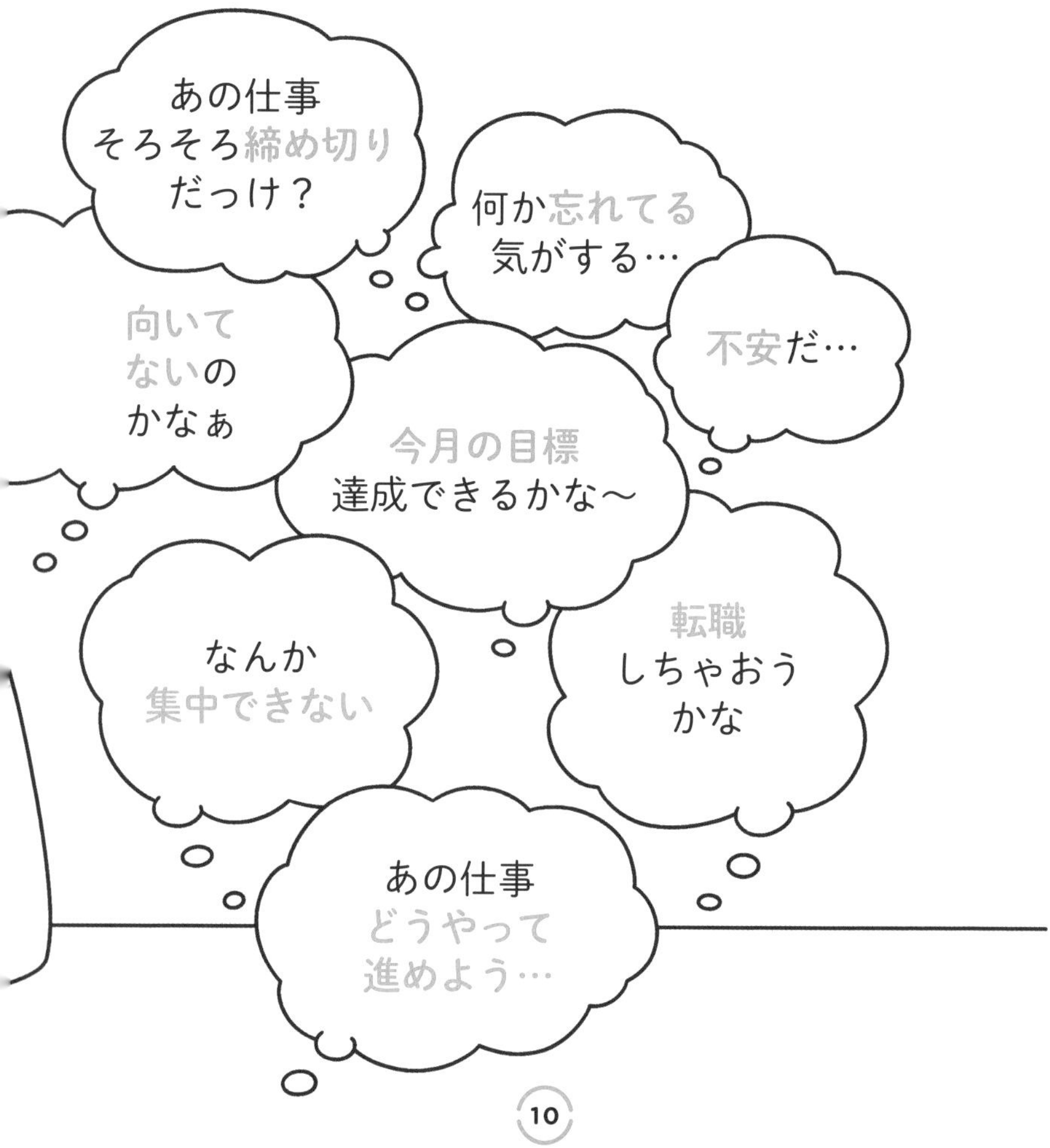

整理思考で誰でも〝デキる人〟に

仕事がうまくいかないと、能力が足りていないのではないかと自分を責めたり、優秀な人と比べて落ち込んだりしてしまいがちです。

しかし、「仕事ができない＝能力がない」というのは大間違い。仕事を上手に進めるための〝方程式〟を知らないだけ、という人が少なくありません。

〝整理思考〟の方程式を身につければ、タスクや問題を整理しないまま抱え込み、思考がまとまらないから仕事がうまくいかない……そんな悪循環から脱して、誰でも〝デキる人〟になれるのです。

「整理思考」が身につけば

「わかる＝できる」がどんどん増える！

　取り組み方や解決方法がわからない仕事を「できません」と断ったり、未知の仕事にチャレンジするリスクを避けたりしたことはありませんか？

　この「わからないからできない」という考え方の裏を返せば、「わかりさえすれば、できるようになる」ということ。

　整理思考の方程式を使えば、未知の状況や、答えのない問題の解

「できない理由」が消えていく

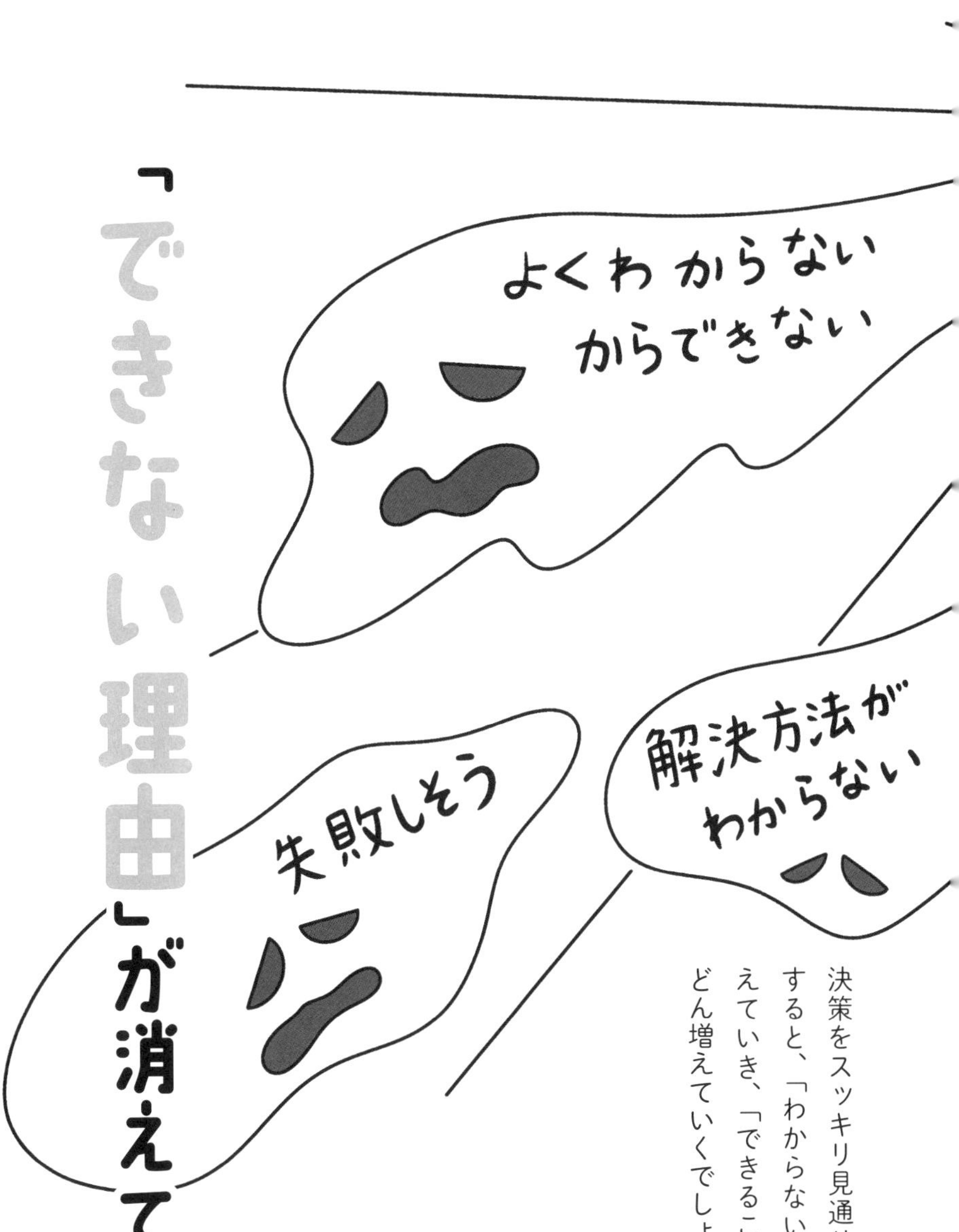
よくわからないからできない
失敗しそう
解決方法がわからない

決策をスッキリ見通せるように。すると、「わからないこと」が消えていき、「できること」がどんどん増えていくでしょう。

思考を整理する力が
ビジネスパーソンの価値を高める！

CHAPTER 1

タスク管理

多くのビジネスパーソンは常に複数のタスクを抱えています。それらをミスなく効率的にこなすための“方程式”を解説。

（→P.17～）

CHAPTER 2

インプット

相手の意図を正しく理解できれば、仕事の質を上げ、アクシデントも防げます。“方程式”で正確なインプットを実現。

（→P.77～）

整理思考で基礎スキル向上

整理思考によって、タスク管理やインプット・アウトプット、問題解決といった仕事の基礎スキルを向上させることができます。「なんだか地味……」と思われるかもしれませんが、基礎スキルを高い水準で身につけているビジネスパーソンは、実は希少な人材。基礎スキルを磨けば、確実に自身の価値向上へとつながります。

基礎スキルの高さはビジネスシーンでの信頼に直結し、信頼される人には魅力的な仕事が集まります。着実に成長したい人にこそ、整理思考が必要なのです。

CHAPTER 3

アウトプット

わかりやすい指示や主張ができる人は周囲から信頼されます。アウトプットの"整理"で信頼されるビジネスパーソンに。

（→P.115～）

CHAPTER 4

問題解決

未知の問題を解決したり、答えのない問いと向き合ったり。整理思考で問題解決能力を身につけることができます。

（→P.157～）

column 01

心がラクになる整理思考

整理思考ができていれば、心のモヤモヤもスッキリ解決できる？
仕事の悩みを、整理思考の達人・吉澤先生に相談してみました！

Question

整理思考ができれば、心もラクになる？

Answer

仕事やプライベートがうまくいかないときに心が辛くなるのは、「失敗する」→「焦って考え方が近視眼的になる」→「他の選択肢に気づけず、また失敗する」という負のスパイラルに陥ってしまうから。本当はいろいろな選択肢があるはずなのに、それらが見えなくなって、「こうするしかない」と追い詰められてしまうのです。

私自身、若手の頃に「複数言語を使える人材をコアにしたビジネスチームを組成してほしい」という、難易度の高いプロジェクトを任されて、自分で自分を追い込んでしまった経験があります。マルチリンガルの希少さや時差といった問題から、すべての要望を満たすのは困難でした。

しかし、「クライアントに『無理だ』と伝える」という選択肢に気づけず、実現が難しいプロジェクトに時間を費やし、疲弊してしまいました。当時、もう少し客観的な視点が持てていたら、妥協案を探るなどの選択肢に気づけたかもしれません。整理思考を心がければ、客観的な視点を持つことができます。「心が辛い」と感じたら、一度立ち止まって自分が抱えている困りごとを整理してみてください。

CHAPTER1

“はかどる人”の思考とは？

“はかどる人”はどんなことを考えながら仕事をしている？
タスクやスケジュールがスッキリ片付く、整理思考の方程式について解説します。

“はかどる人”の思考は
いつもスッキリ！

優先順位がスッキリ
①メール対応
②書類作成
③経費精算

何から
始めるか
すぐにわかる！

次は
アレ！
スケジュールがスッキリ

何をすれば
いいか
迷わない！

いつも仕事が早くて的確な〝はかどる人〟は、〝はかどらない人〟と何が違うのでしょう？「そもそもの能力が違う」「頭のよさが違う」と考えがちですが、実は思考方法に違いがあります。

〝はかどる人〟は常に思考を整理しながら仕事をしています。タスクの優先順位やスケジュール、段取りなどがきちんと整理されているから、仕事がスムーズにはかどるのです。

本書では〝はかどる人〟の整理思考のポイントを、事例とともに解説していきます。

予定通りに
仕事が片付く♪

できることと
できないことが
明確に

整理思考の方程式1

頭の中のごちゃごちゃをGTDでスッキリ整理しよう

STEP1
やるべきことをすべて書き出す

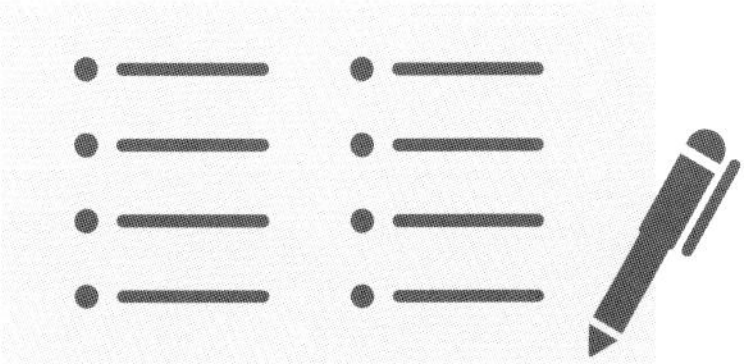

頭の中でごちゃごちゃになっているタスクを、まず箇条書きにして、見える化します

STEP2
書き出した項目を整理する

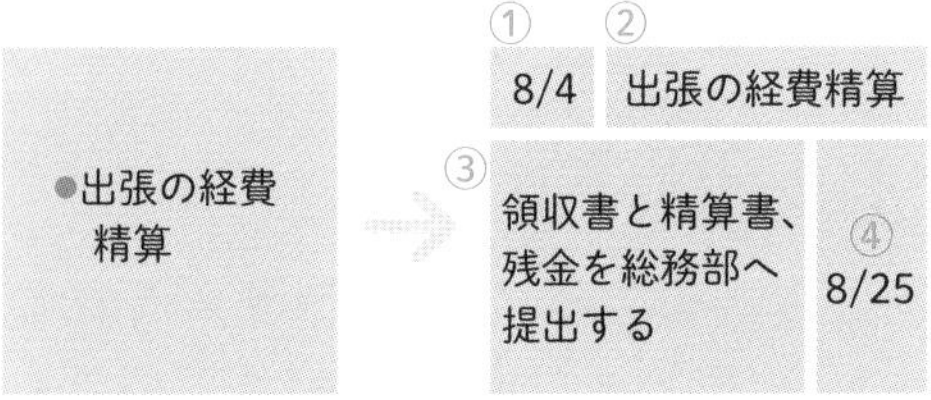

見える化したタスクは、「①発生日」「②タスク名」「③概要」「④期日」を書き出し、整理します

STEP3

整理したタスクを6項目に分類する

タスク 上から順番に「条件に当てはまるか？」を確認していき、タスクを分類します。

		優先順位
すぐに実行する必要はない？	いつかやるリストへ 期日が決まっておらず、急ぎでもないタスク	⑥
段取りが複雑そう？	プロジェクトリストへ 複数タスクへの分解と再振り分けが必要なタスク	④
すぐ着手しないと間に合わない？	すぐやるリストへ 5分以内に完了できるタスク	①
自分じゃなくてもできる？	お願いリストへ 誰かに任せるか、依頼すれば完了するタスク	②
締め切りにまだ余裕がある？	カレンダーリストへ 期日が決まっているが、急ぎではないタスク	⑤
上記のいずれにも当てはまらない	次にやるリストへ 「すぐやる」と「お願い」の次に着手するタスク	③

仕事があふれて、どうすればいいのかわからない場合に有効なのが、「GTD（Getting Things Done）」と呼ばれるフレームワークです。このチャプターでは、GTDの活用方法を重点的に解説します。

GTDの実践方法は、まず抱えているすべての仕事を書き出し、上のフローチャートに沿って6つのリストに分類。そして、優先順位の高いリストに振り分けられたタスクから進める、というシンプルなもの。たったの3ステップで、頭の中のごちゃごちゃをスッキリと整理することができます。

01

タスクが多すぎてパニック状態

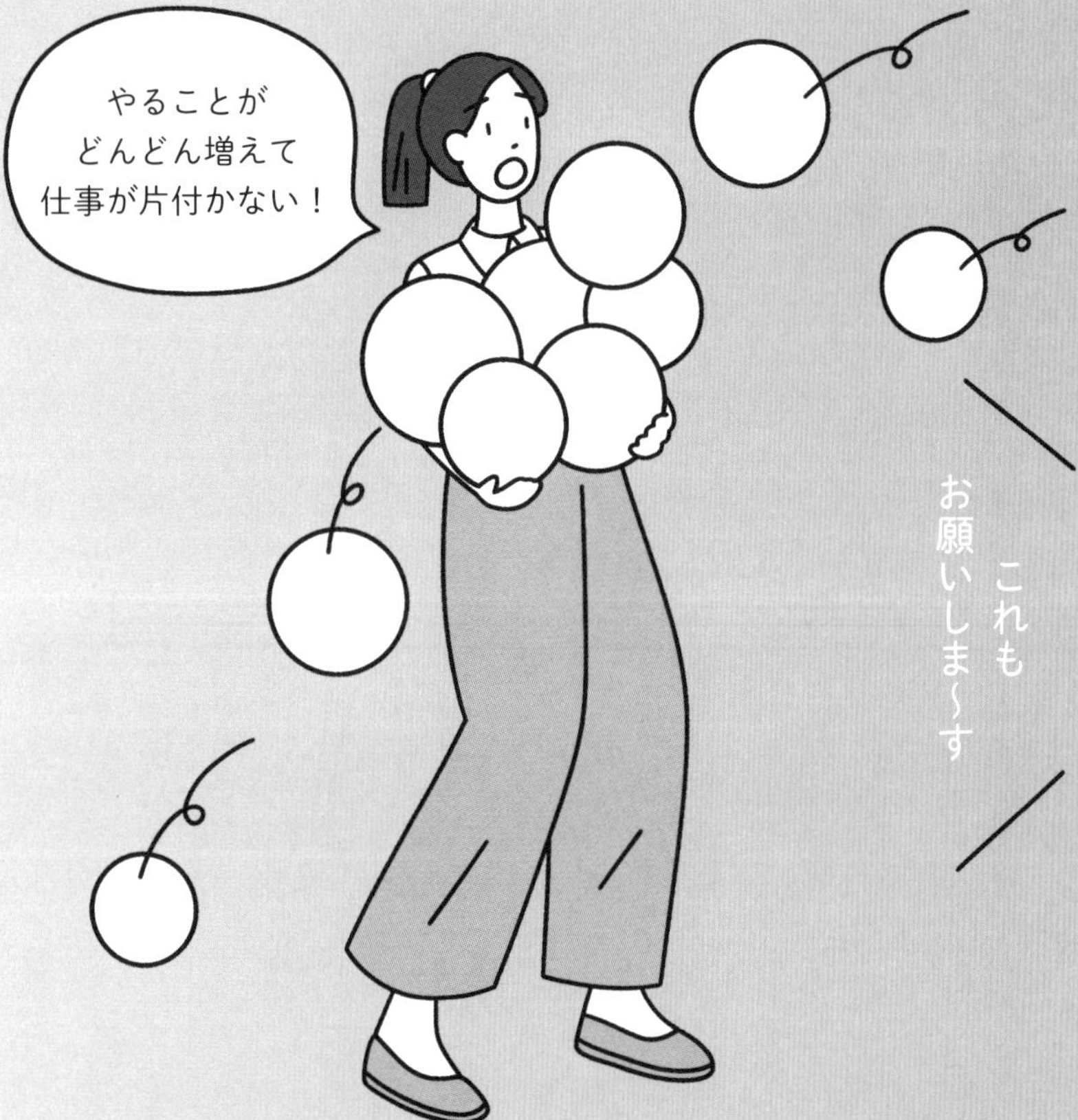
やることが
どんどん増えて
仕事が片付かない！
これも
お願いしま〜す

Case 1 episode

「コピー機の調子が悪いので見てください」「小口精算の提出、いつまで待ってもらえますか？」など、総務部の山本さんのもとには、様々な依頼や問い合わせが集まります。そのせいで、「やってもやっても仕事が片付かない」という状態に。「あれもしなきゃ、これもしなきゃ」と考えているだけで疲れてしまうので、どうにかしたいと考えているのですが……。

まずは
分類をして
みましょう
次にやる
リスト
すぐやる
リスト

A GTDの方程式で自分の状況を整理

パニックの原因は整理不足

手持ちタスクの数が増える原因は、自分がコミュニケーションをとる相手の数が多いことにあります。多くの関係者とのコミュニケーションから発生する様々なタスクを、ボリュームの大小を区別せずに同列に考えてしまうことで、「何から手をつけていいかわからない」状態に陥っているのです。多くの社員と関わる総務部や、多数の関係者と連絡を取り合う人事部、プロジェクトをいくつも掛け持ちしている企画部などで発生しがちな問題です。

このお悩みを抱える総務部の山本さんも、時間と手間のかかる仕事と、ちょっとした確認事項を同じ「1タスク」と捉えて、身動きが取りづらくなっています。このような状況で役に立つのが、Chapter1の方程式「GTD」です。タスクを6分類に当てはめて自分の状況を整理すれば、自然と優先順位づけができ、やるべきことが明確になっていくでしょう。

まずは「分類」が鉄則

最初に、今抱えているすべてのタスクをメモなどに書き出すところから始めま

6つのリストに分ける！

すぐやるリスト コピー用紙の補充 ティッシュの買い出し	**プロジェクトリスト** 健康診断の手配
お願いリスト コピー機の修理 名刺発注	**カレンダーリスト** 経費精算 給与振込
次にやるリスト 備品チェック	**いつかやるリスト** 清掃業者の見直し

最優先（すぐやるリスト・お願いリスト）

す。頭の中がごちゃごちゃしたまま仕事に取りかからないことが、整理思考の基本です。たとえば山本さんの場合だと、上の図のようにタスクを分類できます。すぐにやるべきことは意外と少ないことがわかります。これだけでも一気に気持ちがラクになるはずです。

最初に、「すぐやるリスト」と「お願いリスト」のタスクを片付けてしまいます。

次に、「プロジェクトリスト」に分類した、複数のタスクで構成されていて手間のかかる仕事を、1つずつのタスクレベルに分割・整理していきます。

健康診断の手配なら、「健康診断の対象となる社員のピックアップ」「対象社員への告知」「日程調整」といったタスクへの分割が考えられるでしょう。

このようにタスクの親子関係をきちんと把握して、プロジェクトレベルのタスクも分解・整理できるようになれば、「何から手をつけていいかわからない」状況を解決できます。

タスク管理のポイントは「優先順位の見える化」

ＧＴＤのルールによるタスク分類に慣れてきたら、新しく発生したタスクがどのリストに当てはまるのか、瞬時に判断できるようになるでしょう。そして、わざわざ管理のための時間を設けなくても、タスクを６つのリストに分類できている状態をキープできるようになれば理想的です。

常に自分の抱えているタスクを整理・把握しておけば、「無理な仕事を引き受けてしまう」「急な仕事が入ったときにあわててしまう」といったお悩みの解決にも役立ちます。

タスク管理のコツとしておすすめなのが、「すぐやるリスト」は赤、「お願いリスト」は黄色といったように、優先順位を視覚化するために色を使うこと。そして、ＰＣのデスクトップなど、常に視界に入る場所にタスクリストを表示しておきます。すると、いつまでに何をやらないといけないのか、重要なタスクを忘れていないか、といったことを自然と意識できるように。また、今やっている仕事にどれくらい時間をかけてもいいのか、判断するためのヒントとしても役立つでしょう。

一方で注意したいのが、すべてのタスクを見える化しようとしないこと。すべてをまんべんなく見える化しようとするあまり、タスクの整理・管理自体に疲れて、途中で挫折してしまう人は少なくありません。

きれいに整理することにこだわりすぎて、タスクに取り組む時間が減ってしまっては本末転倒です。タスクの見える化は「手段」にすぎず、タスクを取り組みやすくすることが「目的」。手段が目的にならないように注意しましょう。

Case 1
まとめ

何から手をつけていいかわからないときは、まず全部書き出す

★

タスクは6つのリストにすぐ振り分ける。ただし、負担にならない程度に

02

せっかくの作業がムダになった！

Case 2 episode

「見込み顧客の情報をまとめてほしい」と上司に頼まれた営業部の佐藤さん。期待に応えるべく、できる限り多くの見込み顧客情報を集約して、細かいステータスも記載した書類を作成しました。しかし、提出後に上司から「もっとざっくりでいいから、誰が見てもわかるように作り直してくれる？」と言われてしまい……。せっかく頑張ったのに、どうしてこんなことに？

これらを
チェックするのが
仕事の生産性を
上げるコツです
☑いつまでに？
☑どんなものが？

A 作業を始める前に整理をしよう！

「相手の期待値」を把握しよう

大幅なやり直しが発生してしまう主な原因として、作業を依頼してきた相手の「期待値」をきちんと整理できていないことが挙げられます。たとえば、相手が10くらいのアウトプットを期待している場合に、100のアウトプットを提出すると過剰なサービスに。一方で、5のアウトプットでは、提出のレベルに達していないと判断されてしまいます。

そのため、作業を開始する前に「いつまでに」「どんなものが」必要なのか、依頼主と合意をしておく必要があります。そして、相手の期待値に合わせて〝頑張り〟を調整するのが、自分のリソースを有効活用するうえで求められるスキルです。

佐藤さんのケースも、どのくらいの精度の資料が必要なのか、勝手に判断したためにやり直しが発生し、生産性の低下につながっています。

作業を始める前に、「ざっくりでいいから、誰が見てもわかりやすいもの」という〝期待値〟を把握できていれば、やり直しは発生せず、半分の時間で仕事が終えられたかもしれません。

もちろん、「明確な指示を出さない上司が悪い」とも考えられます。しかし、作業に取りかかる前に期日と成果物の期待値を確認しておくことは、業務の〝ムダ〟を減らし、自分の時間を守るために必要です。仕事を依頼されたら、「いつまでに？」「どんなものが？」の2点を確認することを習慣化しましょう。

期待値の把握はタスク管理の大前提

依頼されたタスクをGTDの項目に分類するためのファーストアクションとしても、期待値の把握が欠かせません。「いつまで」に「どんなもの」を提出するのか、という大前提がわからないと、そのタスクにいつ手をつけるべきなのか、優先順位が決められないはずです。GTDを実践する前に必須の仕込み作業として、覚えておいてください。

また、作業時間を正確に見積もることも、生産性を上げるためには欠かせません。「思っていたより時間がかかって残業続き」「締め切りに間に合わなくて、関係各所に迷惑をかけてしまった」といった経験がある人もいるでしょう。

作業時間の見積もりが苦手な人は、日々の業務にどれくらい時間をかけているのか、記録しておくのがおすすめです。かかる時間がわからないままスケジュールを組んでも、結局ムダになってしまいます。過去にやったことがない業務を依頼された場合は、似たような作業から類推するか、経験者に質問してから始めるようにしましょう。

だいたいの作業時間を見積もったうえで、およそ倍の時間を確保しておくのも、スムーズに仕事を進めるためのコツ。どんな仕事でも、割り込み作業が入ったり、想定外のトラブルが発生したりする可能性があります。そのため、ギリギリの作業時間しか確保できていないと、イレギュラーが発生するたびにスケジュールの再調整に時間と手間を割くことに。これも、生産性を下げる一因といえるでしょう。

倍の時間が確保できない状況では、追加の仕事を抱えこまないよう、周囲と相談しながらタスクを進められると理想的です。

Case 2

まとめ

相手の期待値を把握すれば、“ムダな仕事”が減っていく

★

割り込み仕事やトラブルに備え、見積もりの倍の時間を確保しておく

column 02

心がラクになる整理思考

Question

やる気が出ないとき、どうやって仕事に取り組めばいい？

Answer

そもそも「やる気」というものをあてにしてはいけません。行動した結果、次の作業に取り組みやすい心理的状況になるだけです。

したがって、やる気を出そうとするのではなく、まず仕事の中から取り組みやすいタスクを切り出して手を動かす、という方法が有効です。私は情報を見える化する作業が好きなので、まずはそこから取り組むようにしています。

好きなタスクや得意なタスクから手をつけるようにすると気分が乗ってきますし、「仕事が進んだ」という実感も得られます。

そうやって1つずつタスクを片付けていけば、仕事をやりきることができるでしょう。

そもそもやる気が出ないのは、仕事に対してワクワクしない、ポジティブな感情が持てないという状態だから。

「タスクを４つ片付けたらコーヒー休憩をする」といった、自分にとってのご褒美を用意したり、苦手なタスクと得意なタスクをセットにしたりするなど、仕事に対して前向きな気持ちになれるような工夫をしてみることも大事です。

03

手戻りばかりで先に進めない！

Case 3 episode

営業事務をしている田中さん。営業チームから頼まれた見積もりの作成、在庫チェックや発注処理、顧客からの問い合わせ対応など、様々なタスクをこなしています。抱えているタスクが多いぶん、「見積もり書の数字、間違っているよ」「頼んだ商品の数が違うんだけど」など、手戻りも少なくありません。そのせいで、タスクはたまる一方。この悪循環から抜け出すには？

A 手戻りの原因＝ケアレスミスを減らす

ケアレスミスも積もり積もれば大きなロスに

「サボっているわけではないのにタスクが減らない」「仕事がなかなか手離れしない」という人は、ケアレスミスが原因の〝手戻り対応〟に忙殺されている可能性があります。完了したはずのタスクが、「すぐやるリスト」や「次にやるリスト」に戻ってくるため、手持ちタスクが減らないという状況です。

契約書や挨拶状などの間違いが許されない文書の作成や、見積もり作成、受注処理といった数字を扱う業務は、特にケアレスミスが手戻りに直結しやすいもの。「ちょっと修正するだけだから問題ない」「指摘されたときに直せばいい」と、手戻りタスクを軽く考えがちですが、今やっている仕事の手を止めて、違う案件の資料をチェックしたり、メールのやりとりをさかのぼったりするのは、意外に時間がかかります。積もり積もれば大きなタイムロスとなるうえに、タスクがなかなか片付かないとストレスがたまっていきます。

時間的な損失に加えて、「あの人はミスが多い」「またやり直しか」「余計な仕事ばかり増やして……」とネガティブな感情が発生し、人間関係に悪影響を及ぼす恐れもあります。

さらに、「社内で使う業務用システムに不備があり、100人分の入力作業がムダになった」「複数枚を重ねるパーツの穴あけ位置が1ミリずつずれていて、後の製造工程で使えなくなった」など、手戻りどころではない重大なロスを生む事例も。ケアレスミスといっても軽視できません。

では、ケアレスミスを防ぐには、どうすればいいでしょう。「気をつける」だけでは限界があるため、チェックリストを運用してミス防止に努めるしかありません。実際、ケアレスミスが大事故に直結しうる建築や製造の現場では、「指差し確認」が徹底されています。どうしてもケアレスミスが減らない人は、デスクワークに指差し確認を取り入れてもいいでしょう。

ただし、何でもチェックリストに加えればよいわけではありません。項目が多すぎるとチェック漏れが発生しがちなので、項目数はできる限り抑えましょう。また、「重要書類は上司の○○さんに確認してもらう」など、上司や先輩に助けてもらうのも一手です。

タスクが減らない原因がわからない場合は？

ここまで、ケアレスミスによる手戻りの防止について解説してきました。しかし、「そもそも、タスクが減らない原因がわからない」という人もいるでしょう。そういった場合におすすめなのが、**GTDの項目に振り分けたタスクを完了後に見直してみる**という方法です。

完了したタスクを削除してしまうのではなく、数週間～1か月ほど記録しておけば、**自分がいつどんな仕事をして、何に時間をかけていたのかが確認できます。**

もし「○○○の修正対応」「○○○の確認」といったタスクにかけている時間が長いなら、1つひとつのタスク処理の詰めが甘く、さらなるタスクの増加を招いている可能性があります。また、タスクの履歴から、自分が起こしがちなミスの傾向を見つけることもできるでしょう。

「業務フローが悪い」というケースも

チェックリストを運用したり、第三者にチェックを依頼したりといった対策を実施しても、ミスが減らないことがあるかもしれません。その場合は、作業手順が煩雑すぎたり、ミスが発生しやすいフローになっていたりする恐れがあります。
大幅な業務フロー改善を行うのは難しいかもしれませんが、ちょっとした工夫で改善できることもあるでしょう。ときには「そもそもの前提」を見直してみるのも、整理思考に必要な視点です。

このように、タスクをきちんと整理・把握しておくことは、日々の業務をスムーズにするだけでなく、中長期的な生産性向上や業務改善にもつながります。
単なる「To Doリスト作り」と思わずに、整理思考の第一歩として、GTDのフレームワークを活かしたタスク整理をマスターしましょう。

Case 3

まとめ

チェックリストを活用すれば、完了したタスクが戻ってこなくなる

★

タスク整理をすれば自分の生産性が上がるほか、業務改善につながることも

04

割り込み仕事を断れない…

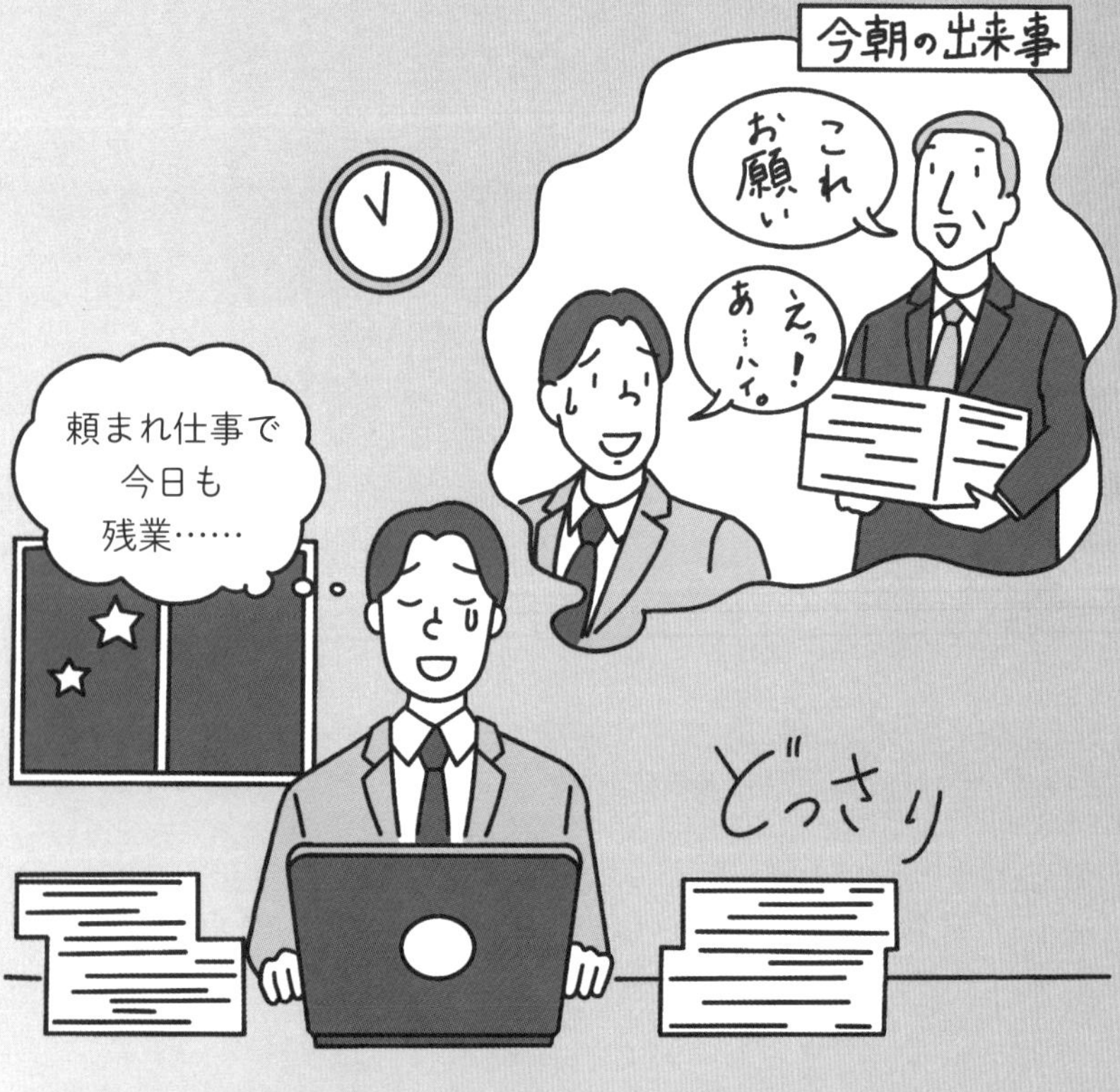
今朝の出来事
これお願い
えっ！あ…ハイ。
頼まれ仕事で今日も残業……
どっさり

Case 4 episode

突然の割り込み仕事をうまく断れない鈴木さん。今朝も急に「これ、今日中にお願い！」と頼まれた仕事を引き受けて、結局残業に。自分の仕事もあるのに、人から頼まれると「頑張ればできなくもないかな」「今日はそこまで忙しくない」という気がして引き受けてしまうのです。ここ最近、タスクの飽和状態が続いているので、割り込み仕事を上手に断りたいけれど……。

今週は少し余裕がありそうですね
始業時や週頭に空き状況をチェックしておきましょう

A 自分の空き状況を知っておこう

頼まれ仕事・割り込み仕事は断ってもいい

鈴木さんと同じ悩みを抱えている人は、これまで何度も「頼まれ仕事を断れず、負担を抱えこんでしまう」という経験をしてきたはずです。

まず、大前提として伝えたいのが、頼まれ仕事は断ってもいいということ。「○日まで予定が詰まっているので、その後でもよければ引き受けられます」と条件つきで交渉したり、「ちょっと確認します」と即答を避けたり、といったテクニックも有効です。

他方で、「引き受けても問題ないと思ったけど、時間の見積もりが甘くて、いつも後悔する」というパターンも考えられます。このパターンの悩みは、ＧＴＤのワークフローでタスクを整理すれば、解決に近づくでしょう。

自分がいつまでに何をやらなければいけないのか、きちんとタスク整理がなされていれば、引き受けられる仕事と引き受けられない仕事の区別がつくようになるからです。とっさに判断するのが苦手な人は、カレンダーアプリなどを使ったスケジュール整理を心がけてみてください。

たとえば、週の始まりに「カレンダーリスト」のタスクに必要な時間を確保して、1週間分のスケジュールを作成します。そして、始業時にその日の「すぐやるリスト」や「次にやるリスト」のタスクを、時間が空いている枠に当てはめます。それでもまだ時間に空きがあれば、それがあなたの「割り込み仕事を引き受けられるキャパシティ」です。空き時間に収まる程度の割り込み仕事なら、問題なく引き受けられるでしょう。

ここで注意しておきたいのが、割り込み仕事の〝期待値〟を確認すること（↓P30）。自分の空き状況が把握できていても、それ以上のボリュームの仕事を引き受けてしまうと、結局キャパシティオーバーになってしまいます。

断れない割り込み仕事の対処法

「上司から仕事の依頼をされたら断れない」という空気感がある職場の場合は、違った対処方法が求められるでしょう。

前述のスケジュール整理を済ませたうえで、キャパシティからあふれそうなタスクに関しては、「新しく依頼されたAの仕事をするために、Bの仕事の締め切りを延ばしてほしい」といった相談をします。

もしくは、「今日は○○の件であまり時間に余裕がないのですが、リサーチ業務までならお引き受けできそうです」と対応可能な範囲で線引きをしたり、「あともう1人、手伝ってくれる人がいれば期限までに終えられるのですが」とリソースの調整を提案したり、といった交渉も有効です。

「やる／やらない」の2択にとらわれず、「どうすれば自分の仕事のペースをキープしつつ、相手の要求をクリアできるか」という視点を持つことも、整理思考のコツです。

Case 4

まとめ

頼まれ仕事は、空いた時間に収まる範囲で引き受ける

★

どうしても断れない場合は、相談と交渉で負荷を抑えること！

column 03

心がラクになる整理思考

Question

自分と同僚を比べて
落ち込まない方法は？

Answer

この悩みを解決する一番の近道は、自分と同僚を比べないことです。しかし、それが難しいから多くの人が「あの人はできているのに自分は…」「自分はどうして他の人より仕事ができないんだ」と悩んでいるのだと思います。

どうしても自分と誰かを比べてしまう人には、「1つでも、自分のほうが得意なことや、自分だけがやっていることを見つける」という方法がおすすめです。すべてのスキルにおいて相手が自分を上回っていることは、どんなに優秀な人でもそう多くはありません。

そして、優れたライバルよりも得意なことは、“自分の強み”として機能するでしょう。他者と自分を比較することで、得られるメリットもあるのです。

消極的な方法ではありますが、自分よりもひどい失敗事例を探して、「ここまで自分は大きな失敗をしていない。まだ捨てたものじゃないぞ」と自己肯定感を持つのも一手です。

そして、少しでも気持ちを前向きに持てたら、スキルアップを目指したり、できる仕事の幅を広げようとしたりと、自信につながるアクションを起こしてみてください。

05

忙しくて ついつい先送り…

Case 5 episode

締め切りの１週間前に試作品を完成させた高橋さん。すぐ得意先に送ろうかと思いましたが、クレーム対応やほかの仕事に忙殺されているうちに、気づけば締め切りの前日に。結局、ギリギリで宅配便を手配しました。普段なら翌日に届くはずですが、配達遅延が発生。「試作品のチェックをするために準備して待っていたのに」と得意先から怒られてしまいました。

仕事の締め切りも
“５分前行動”を
心がけましょう
本当の締め切り
相手の
期待値は？
他工程の
見積もりは？
目に見える締め切り
相手側の
事情は？

A タスク整理で見える“本当の締め切り”

タスクの先送りはリスクになりうる

試作品の開発のように、多数のタスクで構成されている仕事は、GTDの6項目でいう「プロジェクトリスト」に該当します。こうした仕事は、試作品のコンセプト設定からデザイン、組み立てといった様々な工程を経て、最後に成果が出てくるものです。それらの工程の1つである「試作品の配達」にかかる時間を都合よく見積もったのが、高橋さんの失敗の原因といえるでしょう。

他者が関わる工程は、自分の思い通りに進まないことが多々あります。「上司のチェックにかかる時間を見積もっていなかった」「書類作成に必要なデータの取り寄せに、想定外の時間がかかった」などの事情から、スケジュール通りに仕事が進まなかったというエピソードはそう珍しくないはずです。

高橋さんも、「前日までに発送すれば締め切り当日には間に合う」と考えて、ギリギリまでタスクを保留してしまいましたが、スムーズに試作品が届かない可能性を考慮すべきでした。**仕事をうまくコントロールしている人は、こうしたリスクを認識・想定して、なるべくリスクを避ける行動を選択している**ため、想定外のトラ

試作品の製作

- 図面の確認
- 材料の調達 ★
- スペース・機材の確保 ★
- 実作業
- テスト・社内レビュー ★
- クライアントへ提出 ★

自分以外の人が関わるタスクに星印をつけていくと、自分だけで完結できるタスクは意外と少ないことがわかります。

ブルに振り回されることが少ないのです。

　このような失敗を防ぐためには、プロジェクトリスト内のタスクを細かく分解する際に、「他者が関わる工程」を洗い出しておくことが重要となります。

　それぞれの工程に誰が関わっているのか、何を依頼する必要があり、どのくらいの待ち時間が発生しうるのか、といったことを予め把握しておけば、「本当の締め切り」が見えてくるはずです。

相手の事情や期待を把握しておく

　締め切りよりも少し早めに成果物を提出すると、相手に喜ばれ、自分に対する評価が上がることが多くあります。提示した時期よりも前倒しで成果物が上がってくることが、最初から期待されているケースもあるでしょう。
そのため、提出物を早めに仕上げると、大きなメリットがあることを意識してみてください。加えて、本当に期日に間に合えば十分なのか、早めに提出したほうが望ましいのか、依頼を受けた際に相手の期待値を探っておくと役に立ちます。

また、期日に関しては、相手の事情を決めつけないように注意が必要です。たとえば、「資料を金曜の夜までに送ってください」と頼まれていたのに、「どうせ週末は見ないだろうから、月曜朝に提出しよう」と思っていたら、土曜日に催促の電話がかかってきたという事例があります。

この事例では、「月曜の朝までに出せばいい」と勝手に判断せず、相手に確認を取っておくべきでした。「土曜に出社する予定があるので、そこで資料を確認したい」などの相手の事情がわかれば、遅れたとしても土曜日の朝には資料を提出していたはずです。

仕事とプライベートを区切る工夫も

このように、やや前倒しで進めることで、より円滑に進む仕事は多いものです。
その一方で、仕事を区切るタイミングがうまくつかめなくなって、働き詰めになってしまう人も少なからずいます。

　仕事とプライベートの時間を区切るのが苦手、タスクを積み残したまま帰れないという人は、「17時以降は急ぎではない仕事はしない」など、自分のルールを作って仕事の手を止めるようにするといいでしょう。

　このように、1日のうちで仕事に使う時間を決めて、その範囲内でタスクをこなすようにしましょう。

Case 5

まとめ

プロジェクトをタスクに分解するときは、
他者が関わる工程に注目

★

目に見える締め切りだけではなく、
相手の期待値や事情を把握しておく

06

予定なんかあてにならない！

このペースなら
ヨユーだな！
サボっている
わけじゃないのに
いつも期日前で
バタバタしてしまう…
あの件、
どうなってるの？
確認します！
お待ちください

Case 6 episode

エンジニアの斎藤さんの悩みは、きちんとスケジュールに沿って仕事を進めているのに、期日前はいつも余裕がなくなってしまうこと。今回のプロジェクトも、途中までは順調だったのに、提出日に別件の割り込み仕事が入ってきてバタバタに……。仕事をサボっているわけじゃない。むしろ、スケジュール通りに進めているのに、どうしてこんなことになってしまうの？

このあたりで
8～9割の
完成を目指し
ましょう！
仮ゴール
START
締め切り

A ゴールを少し手前に設定しよう

「提出日＝作業完了日」ではない

きちんとスケジュールを立ててタスクをこなしているのに、いつもギリギリであわてることになってしまうのは、ゴールポイントの設定が間違っているからかもしれません。

「カレンダーリスト」に分類される、期日が決まっているタスクは、提出日から逆算してスケジュールを組んでいくのが基本です。しかし、提出日にも作業を残すようなスケジュールになっていたら要注意。提出期限のギリギリまで成果物に手を加えるとしても、それはあくまで完成度を高める作業であって、提出1分前に完成するようなスケジュールは適切ではありません。

提出日の2〜3日前には8割方出来上がった成果物を、前日に概ね完成させ、当日は完成度を高める作業に注力する、というのが理想的な進め方です。

斎藤さんも、作業完了日を提出当日に設定していたため、直前になってあわてることになってしまいました。同じミスを何度も繰り返してしまうのは、「提出日＝作業完了日」というスケジュールの立て方に問題があると気づいていないからではないでしょうか。

こうしたシチュエーションは、企画書やコンテンツの作成、製品・サービス開発など、ギリギリまでねばって優れた品質の成果物を作ろうとする現場で多く見られます。

エンジニアである斎藤さんも、よりよいＷｅｂサービスを作るために「提出日＝作業完了日」という、ギリギリのスケジュールを設定してしまっているのかもしれません。

そんなときの解決方法はシンプル。提出日の１日前をゴールに設定すればいいだけです。どうしても「まだ時間がある」と思ってしまう人は、提出日の前日の夕方以降はもう手を加えないというマイルールを作るなど、時間にゆとりを持って作業できるように工夫してみてください。

また、提出直前に修正点が見つかることが多い人は、提出前日に品質チェックのための時間をもうけるようにしましょう。

時間にゆとりのない仕事はリスクでしかない

Ｃａｓｅ５（Ｐ46～）で述べた通り、前倒しで成果物を提出すると上司やクライアントに喜ばれる傾向があります。

そのため、依頼主の満足度を高めようとして、自分の中の提出期限を無理して早めに設定してしまう人も少なくありません。できる限り早く成果物を提出するために、ほかの業務にあてるはずの時間を犠牲にしたり、残業をしたりしてでも作業時間を捻出するのです。そうすれば確かに、手っ取り早く顧客の満足度を高められるかもしれません。

しかし、ゆとりのないスケジュールを組んでも、結果的にメリットはありません。斎藤さんのケースからもわかるように、ちょっとしたイレギュラー対応が発生しただけでもスケジュールが乱れて、品質を保てなくなってしまうからです。

そもそも、複数の人間がプロジェクトに関わっている限り、イレギュラー事案の発生を避けることはできません。

自分が余裕を持って仕事をするためだけでなく、成果物の品質を保つためにも、提出日までに適切なバッファ（余裕）を設定しておくことは不可欠です。余裕を持ったスケジュールを組むことこそが、最終的に関係者全員のためになると考えるようにしてみてください。

バッファは必ずもうけること！

提出物の完成を優先するあまり、その間に発生したイレギュラーな事案や、問い合わせなどへの対応をストップさせることで、ほかの仕事の効率が落ちる恐れもあります。

一方で、バッファとしてとった時間を使わずに済んだとしてもムダにはなりません。たとえば、「成果物のブラッシュアップをする」「ほかの案件を進める」「困っている同僚に手を貸す」といった選択肢の中から最適なものを選べるようにしておくと、生産性向上にもつながるはずです。

Case 6

まとめ

「いつもギリギリ」の人は、ゴールポイントの設定が間違っているかも

★

バッファをもうけずにタスクを詰め込むと、仕事の効率が落ちる

07

急ぎじゃないこと、いつやる？

Case 7 episode

営業成績が優秀な山田さん。上司の引き立てで、社長肝いりの新設部署に異動することに。上司から「正式な辞令が出るまでしばらく時間がかかるから、その間にIT関連の勉強をしておいてね」とアドバイスされましたが、何を始めればいいのかわからないまま、1か月が過ぎてしまいました。明確な目標や締め切りがないタスクは、どのように進めればいい？

A プロジェクトは細かく分解する

プロジェクトはまずタスクに分解する

明確な数値目標や締め切りがあるタスクは得意でも、やることがあいまいなタスクは何をどうすればいいかわからないから苦手だ、という人は少なくありません。

上司から山田さんへの「ＩＴ関連の勉強をしておいてほしい」という指示も、いつまでに何をすればいいか明確ではないタスクです。だから山田さんも手をつけかねているのでしょう。とはいえ、上司に「いつまでに何をすればいいですか？」と愚直に聞き直しては評価を下げてしまうかもしれないのが、こうしたケースの難しいところです。

Ｐ25で触れたように、ＧＴＤの6項目でいう「プロジェクト」に分類される仕事は、まずタスクに分解するところから始める必要があります。山田さんのケースなら、新しい部署の業務内容を詳しくヒアリングして、どのＩＴ分野に詳しくなっておく必要があるか、目星をつけるのが最初のタスク。「何をすればいいかわからない」という状況を打破するために、「まず何をするべきか、次に何をするべきか」を整理するのが最初の一歩となるのです。

どんな知識が必要なのか見当がついたら、それを身につけるための方法を調べて

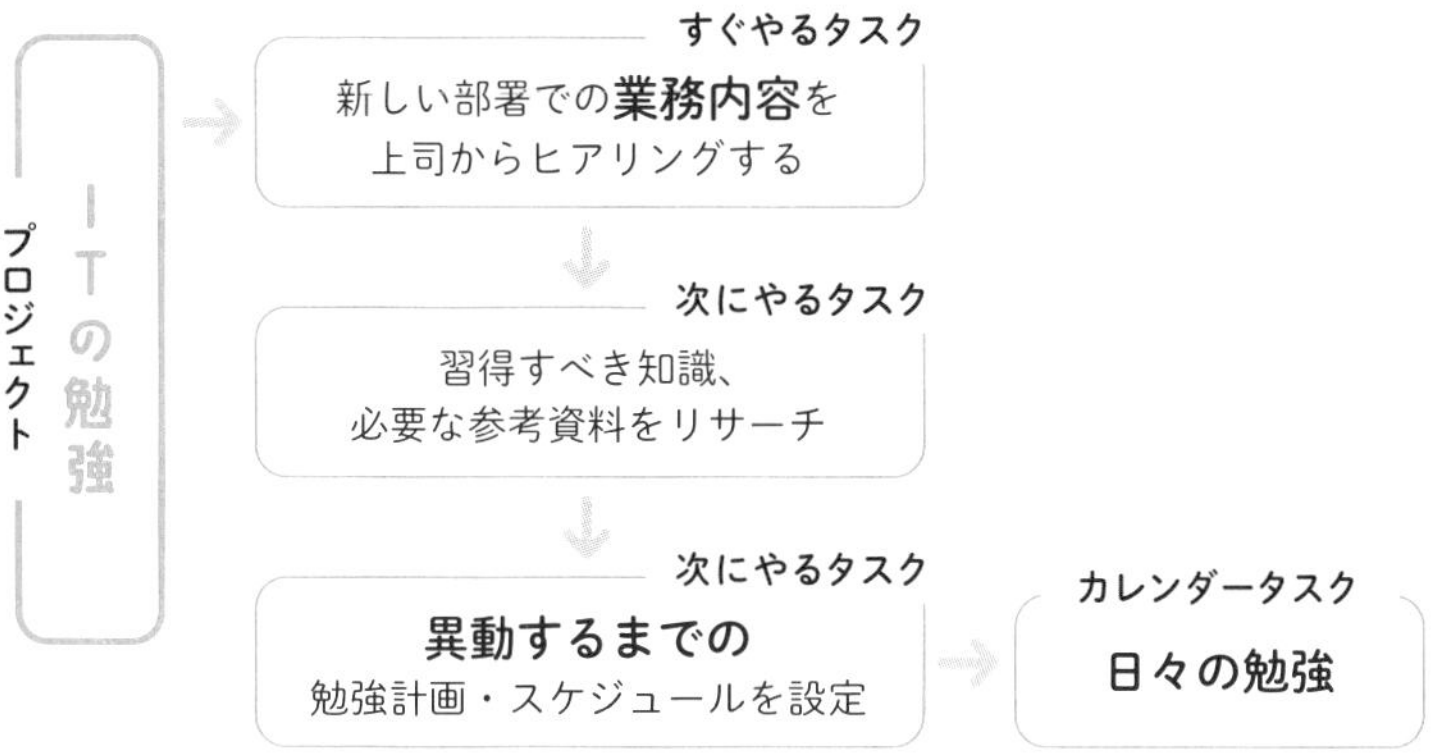
プロジェクト
ITの勉強
すぐやるタスク
新しい部署での業務内容を上司からヒアリングする
次にやるタスク
習得すべき知識、必要な参考資料をリサーチ
次にやるタスク
異動するまでの勉強計画・スケジュールを設定
カレンダータスク
日々の勉強

〝締め切り〟を設定します。スタートとゴールが見えれば、「どんな参考資料が必要なのか」「期日までに何を勉強すべきか」「勉強するのにどのくらいの日数がかかるのか」といったタスクの詳細が見えてくるでしょう。

そして、分解したタスクを「次にやるリスト」や「カレンダーリスト」に落とし込んでいけば、日々やるべきことが明確になっていくでしょう。これが〝プロジェクトをタスク単位に分解する〟という作業です。

また、プロジェクトに関わるタスクはすぐには終わらないことが多いので、ほかに急ぎの仕事が入ってきたら、都度スケジュールを調整しながら取り組むのがよいでしょう。

年次やポジションが上がるにつれて、全社的な業務改善や経営企画など、プロジェクト的な仕事が増加する傾向にあります。若手のうちにプロジェクトをタスク単位に分解するスキルを身につけておきたいところです。

プロジェクトの分解スキルはプライベートにも役立つ

プロジェクト単位の仕事を分解するスキルは、プライベートにおいても役立ちます。山田さんのように新たな分野の勉強を始めるケースはもちろんのこと、投資をして資産づくりを始めたい、転職して年収アップを目指したいなど、個人的な目的を達成する場合にも活用できるのです。

個人的なプロジェクトであっても、タスク単位に分解して締め切りを設定していくという手順は同じ。仕事に打ち込むだけでなく、プライベートも充実させたいと考えている人に欠かせないスキルです。持ち家の購入や地方移住といった、将来を見据えた個人プロジェクトにも応用できるでしょう。

先延ばし防止のテクニックを使う

タイムリミットがない仕事の場合、先延ばしを繰り返してプロジェクトがなかなか進まないというケースがよくあります。他人に催促されることのない、個人的なプロジェクトにおいてもよく起こりがちな現象です。

「最悪やらなくても大丈夫」な仕事をだらだらと持ち越してしまう人は多いものです。どうしても自分１人では締め切りを設定できない人は、上司に期日を宣言したり、ＳＮＳで目標を表明したりと、他者を巻き込むのが有効です。

「言ったからにはやらないと」という心理が働いて、より能動的に目標達成に向けて動くことができるでしょう。

Case 7
まとめ

プロジェクトを分解すれば、いつまでに何をするべきかがわかるように

★

プライベートなプロジェクトも、タスクに分ければ進めやすい

08

マストではない仕事に時間がかかる

Case 8 episode

新しい業務マニュアルの作成を依頼された渡辺さん。たたき台となる成果物と一緒に、社内向けの参考資料として成功事例をまとめたレポートを提出しました。すると、社員の名前に誤りがあるのを見つけた上司から「全部、確認し直して」と指示が。１人で誤字チェックをやり直すとなると、ほかの仕事が止まってしまううえ、手間のわりに意味がないような気がして……。

無理な仕事を
引き受けない
工夫も
必要です
引き受けられる
タスクの量は
決まっています

A 引き受けるデメリットに注目しよう

ムダな仕事を捨てるのも仕事のうち

GTDのワークフローを使ったタスク整理とスケジューリングを徹底していくと、スケジュールの枠に収まらないうえに生産性がない、「優先度の低いタスク」が見えてきます。渡辺さんが上司から言いつけられた、社内向け資料の誤字の見直しも「優先度の低いタスク」に分類できるでしょう。

P36で触れたような、後の工程に重大なダメージを与えかねないミスであれば、資料をすべてチェックし直すのも妥当です。しかし、社内向けの参考資料の誤字チェックをするために膨大な時間をかけるのは、あまり生産的ではありません。

一方で、「ムダな仕事なのでやらなくていいですよね」と、上司からの指示を突っぱねられる人はそう多くないでしょう。「この作業、ムダなのに……」と嘆きながらも、言われた通りにタスクを処理した経験は、誰しも一度はあるはずです。

上からの評価を気にして、部下にも過度に完璧を求める上司がいると、〝ムダな仕事〟が増加しやすい傾向にあります。「ミスがあるかもしれない状況を放置するのは怠慢だ」と言われて、彼らの指示通りに動いていると、慢性的にタスクが飽和した状態に陥ってしまいます。

しかし、就業時間内にこなせるタスク量はある程度決まっているため、優先順位の低いタスクは捨てなければいけません。

デメリットを伝えてみる

ムダな仕事をうまく断るテクニックとして、依頼通りにタスクをこなした場合に発生するデメリットを相手に伝え、判断を委ねるという方法があります。

渡辺さんのケースなら、「誤字チェックをすると、ストップしてしまう仕事がこれだけあります」と伝えたうえで、上司の判断を仰ぎます。「ほかにも重要な仕事がある」ということをわかってもらい、その状況で誤字チェック作業を本当に自分がやるべきでしょうか、と投げかけてみるのです。

このテクニックは、Ｃａｓｅ４（↓Ｐ40）で触れた「割り込み仕事を断りたい」というシチュエーションでも役立ちます。

その際に重要なのが、ＧＴＤのワークフローできちんとタスクを整理しておくこと。何をどこまで引き受けられそうかが明確になっていないと、論理的な交渉ができないからです。「ほかの仕事が忙しいから無理です」では、上司もなかなか納得できません。
交渉をする前に、依頼されたタスクにかかりそうな時間と、その時間を確保するために先延ばしせざるを得ないタスク、そして、新たな作業が入った場合はどう処理するかについて整理するとスムーズに調整できます。

"ムダな仕事"の見分け方

ムダな仕事とそうでないものとの見分け方がわからない場合は、**その仕事をすることで得られるメリットと、しないことで得られるメリットを比較します。**

では、渡辺さんのケースに当てはめて考えてみましょう。レポートの誤字を再チェックすることで間違いのない資料が社内に共有されるのが、この仕事を引き受けるメリットです。しかし、レポートはあくまで社内資料にすぎず、社員の名前に多少の誤りがあったとしても、後続の作業で手戻りや判断ミスが生じることはないものでした。

一方、この仕事を断れば、予定していたタスクを余裕をもって進められ、関係各所に迷惑をかけることもないというメリットが得られます。この場合、レポートの誤字は再チェックしないほうがいいと判断できるでしょう。

このように2つの選択肢を比べたときに、より生産的かつ合理的なメリットを選ぶようにすれば、ムダな仕事を減らすことができます。

ただし、「この仕事はやりたくない」という気持ちが先立ち、感情だけで判断してしまうと、かえって非効率的な状況に陥ってしまうことがあります。感情的になっていると少しでも自覚したら、選択肢のメリットを合理的に比較することを思い出してください。

Case 8

まとめ

指示されたからといって、ムダな仕事をすべて引き受けるのは非生産的

★

ムダかどうかは感情で判断しないように注意。2つのメリットを合理的に比べること

09

マルチタスクは苦手です！

Case 9 episode

たくさんのクライアントを抱えている営業の小林さん。問い合わせ対応や見積もり作成、商品購入後のサポートなどやるべきタスクが多く、常に同時並行で仕事を進めている状況です。しかし、小林さんはマルチタスクが苦手なので、ケアレスミスが増えて余計に忙しくなってしまいます。どうすればこの悪循環を断ち切ることができるのでしょうか？

マルチタスクが
苦手なら
タスクを１つずつ
片付けて
いきましょう
ごちゃ…

A マルチタスクはシングルタスクに変換

マルチタスクは回避できる

他者が関わるプロジェクトが複数重なると、小林さんのようにマルチタスクをせざるを得ない状況になります。「マルチタスクは苦手」という人は、**時間を決めてタスクを整理するというテクニックを使うといいでしょう。**

たとえば、見積もり作成、問い合わせ対応、商談準備の3つのタスクがあるとします。見積もりの作成をしていても、問い合わせが入ったら手を止めて対応し、頭のどこかで商談内容について考えている……というマルチタスク状態では、どの作業も中途半端になって非効率的です。

そういった場合は、午前中は問い合わせ対応を最優先で済ませておき、午後の早い時間からは見積もり作成、その後に商談の準備をスタートするといったように、それぞれのタスクにしか取り組まない時間を作ることで、マルチタスクをせずとも3つの仕事を進められます。

メールが届くとついチェックしてしまう、電話応対で集中が途切れてしまうという人は、見積もりを作成する2時間はメールや電話をシャットアウトしてしまうの

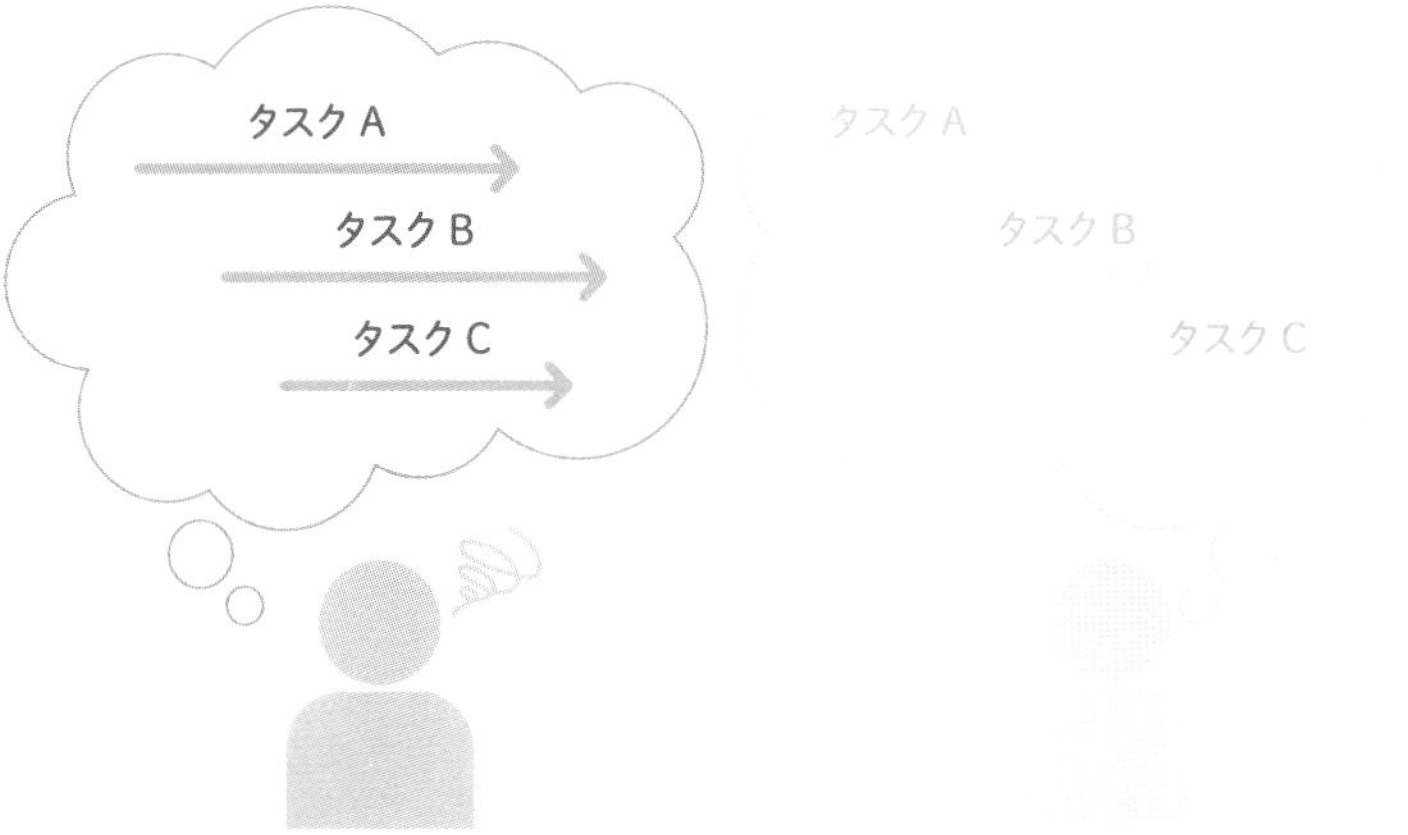

マルチタスクの状態
様々なタスクが重なっているので、
はかどらない…

シングルタスクの状態
タスクを 1 つずつ片付けられるので、
スムーズ

も一手。マルチタスクを避けるため、自分にフィットしたタスクの整理方法を探ってみましょう。

　このテクニックを使うためにも、GTDのフレームワークでタスク整理ができていることが前提となります。忙しくなってくると、ついタスク整理を後回しにしがちです。

　しかし、「新しいタスクが発生したらすぐリストに振り分ける」というGTDの方程式を徹底しておけば、「次は何をすればいいんだっけ？」「そういえばあれもやらなきゃ」といったムダな思考ステップを減らせます。

「やることが多い＝マルチタスク」のウソ

「マルチタスクが苦手で……」という人は多いものの、実は、管理職以外でマルチタスクが発生するケースは稀です。仕事があふれて困っていることを「マルチタスクが苦手」と表現している人が少なくないのです。

また、実際はシングルタスクであっても、短時間で複数案件を行き来するなど何度も頭の切り替えをしなければいけない場合、それが負担になって「マルチタスクは大変だ」と感じてしまいます。その場合、頭の切り替えが必要でないタスクをまとめておいて、集中を切らさずに取り組める程度の時間で処理できるよう、スケジュールを調整しておくことが必要です。

タスクのまとめ方にもコツがいります。たとえば、「メールを返す時間」を決めたとしても、プロジェクトAとプロジェクトBとプロジェクトC、それぞれのメールに返信していたら、結局プロジェクトごとに思考を切り替えなければいけません。

頭の切り替えが苦手な人は、区切った時間内では同じプロジェクトに関するタスクだけをこなすなど、負担を抑えるための工夫が必要になります。

マルチタスクのほうが向いている人も

多くの人はマルチタスクよりもシングルタスクのほうが効率的に仕事を進められ

ます。しかし、シングルタスク化がすべての人に有効というわけではなく、マルチタスクのほうが得意な人もいます。

また、同じ人でも仕事の内容や年齢によって、向き不向きが変わることがあるようです。私自身も10年ほど前までは、マルチタスクのほうが生産的だと感じていました。しかし、今はシングルタスクのほうが効率的に仕事を進めやすい、という変化を実感しています。

自分の思考のくせに合わせたスケジュールの組み方や働き方を常に模索し続けることで、生産性の高い働き方が実現できるのです。

Case 9

まとめ

GTDで整理しておいたタスクを、時間を決めて1つずつ進めればスムーズ

★

頭の切り替えが苦手な人は、思考が行ったり来たりせずに済むようなスケジュールに

column 04

心がラクになる整理思考

Question

集中力が続かないのは改善できる？

Answer

仕事中についネットサーフィンをしてしまったり、関係ないことを考えてボーッとしてしまったり……。集中力が続かなくて悩んでいる人は多いようです。

何か１つのことに集中できる時間は個人差があり、また取り組む対象によっても異なります。たとえば、好きなゲームには何時間でも集中できるという人でも、仕事や勉強に同じくらい集中できるケースは稀です。

つまり、集中力というものは、モチベーションによって大きく左右されるもの。高いモチベーションを持てないことに、何時間も取り組むのはあまり効率的ではありません。

苦手な作業や興味が持てないタスクに取り組む際には、自分がそれらの作業にどのくらいの時間なら集中できるか把握することから始めましょう。

「30分くらいなら集中できる」とわかったなら、タスクを30分単位に分割し、間に休憩や別の作業をはさみながら進めていく方法がおすすめです。

苦手な作業に丸１日取り組むとなると、気が進みません。しかし、1日1～2時間ずつを繰り返して1週間で終わらせる、という計画なら「とりあえず1時間、頑張ってみよう」と思えるはずです。

CHAPTER2

“成長する人”のインプットとは？

成長が早い人は、正確かつ効率的なインプットができています。
インプットを効率的に整理するための方程式を解説します。

どんどん成長する人は
インプットが整理されている

上司の指示を整理してインプット

指示内容を
正しく理解

仕事の進め方を整理してインプット

「そういうこと
じゃないのに…」
がなくなる！

ビジネスにおいて成果を出すには、相手の言っていることを的確に理解して、仕事に反映するスキルが欠かせません。これを本書では、「インプットを整理」する能力と定義します。

インプットの整理ができていないと、間違った解釈で仕事を進めてやり直しになったり、意見の食い違いが生じたりと、様々なトラブルに発展しがちです。

自身の成長だけでなく、組織の利益にもつながるような、インプットの整理方法を解説します。

アドバイスを整理してインプット

自分に必要なアドバイスを取り入れられる

身につけるべきスキルが見つかる！
データ分析
Hi nice to meet you!
英会話
1級
簿記

知識のインプットもいい感じに♪

PAC思考で整理すればインプットがはかどる！

STEP1

相手が話したことを「PAC」の形に分解する

来週の会議資料をお願いできる？

プロジェクトチームのメンバーが全員集まるから、キックオフも兼ねた会議になると思う。

今回、初めて出席する人もいるからわかりやすい資料にしてね。


分解すると…

プレミス Premise（前提・事実）	初出席者を含む、メンバー全員が参加するキックオフミーティングの資料を作る
アサンプション Assumption（仮定）	前提知識がない人もおり、コアメンバーの理解度を前提にすると、説明が不十分になる恐れがある
コンクルージョン Conclusion（結論）	プロジェクト全体の概要が理解できるような、わかりやすく網羅性の高い資料を作るべきである

STEP2

P(前提)やA(仮定)が正しいか確かめる

本当に
正しい？
この情報の
根拠は？
担当者に
確認した？
P
A
思い込み
ではない？
データを
チェックした？

PやAが間違っていると、適切なC(結論)を導き出せないので注意が必要です

STEP3

情報不足や矛盾をアクティブリスニングで補う

参加者に事前に
共有されている
資料はほかに
ありますか？
会議の目的を
改めて確認
させてください

不明点を相手に確認することで、情報整理の精度が上がります

相手の意図を正確に理解するには、与えられた情報をできる限り客観的に整理する必要があります。個人の主観と希望的観測を排除するには、フレームワークが役立ちます。

ＰＡＣ思考は、相手に伝えたい内容を整理するために使うフレームワーク。加えて、インプットした情報をＰＡＣに当てはめると、論理的に整合しているかどうか判断するのにも役立ちます。

つまり、ＰＡＣ思考で整理した前提・事実や仮定を徹底的に疑い、検証することで、思い込みを排除した結論が導き出せるのです。

10

指示があいまいで困ります…

Case 10 episode

「来週中に資料のサマリをお願いね。みんながわかる程度に、ざっくりで大丈夫だから」と上司から仕事を頼まれた伊藤さん。引き受けたときは特に気にしていませんでしたが、いざ仕事に手をつけようとすると「金曜日提出でいいの？」「みんなって誰？」「ざっくりってどのくらい？」など、様々な疑問が。実作業に入る手前で悩んでしまい、仕事が進みません。

「木曜日に
1回レビュー」
「箇条書きで
情報を網羅」
「来週中に」
「みんなが
わかる程度に」
あいまいな
ものを
定量的に！

A PAC思考のための情報を集めよう

「あいまいな指示」が発生する原因とは？

上司から頼まれたタスクを進めようとしたら、「これっていつまでに、どんなものを提出すればいいんだっけ？」と手が止まってしまったことはありませんか？引き受けたときは特に気にしなかったものの、いざ作業をスタートしようとすると指示があいまいで進め方に迷う、というケースはよく見られます。

あいまいな指示が発生しがちな業務に、社内用のミーティング資料や報告書の作成といった〝簡単な仕事〟が挙げられます。上司からすると、「いつも通りの資料を作ってくれればＯＫ」という感覚なので、詳細な指示を出す必要性を感じません。そのため、部下にとってあいまいでわかりにくい指示を出してしまうのです。

この場合、指示を受けた部下が、深く考えずに気安く引き受けてしまうこともあるでしょう。その結果、作業を始めてから情報不足に気づき、時間が足りなくなってしまったり、上司から仕事が遅いと思われてしまったりする恐れもあります。

一方、自分で判断して作業を進めてしまうと、上司が求めていたのとは違う資料を提出して、やり直しになるリスクがあります。いずれにせよ、あいまいな指示の内容を確かめずにいると、時間のロスや、思わぬミスにつながるのです。

アクティブリスニングで指示を明確に

あいまいな指示をそのままにしないのが、整理思考のルールです。まずは、「来週中に提出してほしい」「みんながわかる程度に」といった定性的な表現を、「来週の水曜日に1回チェックして、金曜日までには完成させたい」「ミーティングのたたき台として使いたいから、情報を網羅的に、箇条書きにしてほしい」など、具体的な情報に置きかえる必要があります。

上司から定量的な情報を引き出すには、アクティブリスニングという傾聴スキルが有効です。

「あなたの指示はあいまいでわかりにくい」という姿勢では、上司と対立してしまいます。上司の指示に耳を傾けたうえで、「来週中というのは金曜日までという認識で大丈夫でしょうか」「提出前に一度、チェックをしてもらったほうがいいですか」と質問をして、具体的な情報を引き出していきましょう。

あいまいな情報を定量化することは、PAC思考を実践するために欠かせない準備作業でもあります。必要な情報が揃っていないと、インプットの整理ができないからです。

日本独特の「受け取り方」のカルチャー

アクティブリスニングがスキルとして重要なのは、日本特有の「受け手重視」のカルチャーにも由来します。

たとえば、指示を受けた人がきちんと動けていないというシチュエーションにおいて、アメリカでは「伝え方が悪かった、情報を十分に渡せていなかった」と伝える側の責任が問われます。しかし日本では、「受け手がきちんと指示を理解していなかった」と受け取る側の責任になってしまいがちです。

中には、自分でも明確なゴールがわからない状態で、部下や同僚にあいまいな指示を出している人もいるようです。受け手に負担が偏るカルチャーを利用して、相手にタスクを丸投げしている状態だといえるでしょう。このような相手にアクティブリスニングをしようとしても、「自分で考えて」という答えしか返ってこないことがあります。

そのような相手には、「こういう観点で、このように進めようと思います」と自分から提案を行えば、それで問題ないかどうか、最低限の認識合わせをすることができます。「違う」と言われた場合には、どこをどう直してほしいのかを確認していけば、合意にたどり着けるでしょう。

もし、「違う」というだけで方向性を示してくれないなど、やりとりに時間がかかりすぎるのであれば「方向性がつかめないので、具体的に教えていただけないでしょうか」と、自分の負荷をコントロールするようにしましょう。

Case 10

まとめ

アクティブリスニングで情報を引き出して、インプットを整理する準備を

★

あいまいな指示をそのままにしていると、受け手のせいにされやすいので注意

11

言われた通りに仕事をしたのに…

こんなに数字
びっしりの
提案書はダメだよ〜
えっ、でも
スペックが
わかるようにって
そうじゃないんだよね〜

Case 11 episode

クライアントへの提案書として、自社製品のスペックがわかる資料の作成を依頼された佐々木さん。言われた通りにスペックを詳しくまとめた資料を作成しました。しかし、資料を見た先輩から「数字をびっしり書いてもクライアントに製品の魅力が伝わらないし、最後まで読んでもらえないよ」と指摘が。指示通りに仕事をしたのに、ダメ出しされるのはなぜ？

A 複数回のレビューで認識を合わせよう

最初に「言われた通り」では不十分！

佐々木さんのケースは、あいまいな指示に悩まされている伊藤さんのケース（↓P82）と似ているように思われます。しかし、佐々木さんがこうした状況に陥っているのは、**レビュー回数が足りず、依頼者との認識合わせができていないから**です。

大事な資料作成を依頼されたときは、いきなり完成版を提出するのではなく、数回のレビューを経て完成を目指すのが効率的です。多くの資料を作成するコンサルティング業界では「Ｑｕｉｃｋ ａｎｄ Ｄｉｒｔｙ（クイック・アンド・ダーティー）」といって、ざっくりとした骨子を最初に作成し、レビューを重ねることで完成度を高めていく手法が好まれます。

たとえば、最初はテーマや記載項目などをまとめた骨子を作成し、骨子に対するレビューを反映した構成案、さらに構成案へのレビューをふまえて完成版の資料を作成するというのが、基本的な流れです。

佐々木さんが最初に、「スペックを示すために、データを網羅した資料を目指す」という骨子を先輩に見せていれば、「データを網羅するのではなく、製品の魅力が伝わって読みやすい資料にしてほしい」というフィードバックを受けたでしょう。
このように、相手が「言ったこと」と自分が「言われたこと」は、往々にして認識にずれがあるもの。つまり、認識合わせの工程が抜けてしまうと「言われた通り」の仕事はできないのです。

自分の認識をPAC思考で確認しよう

インプットを整理するということは、相手の言ったことを的確に理解するのが大前提です。人間は自分で思っている以上に、相手が話したことを頭の中で勝手に補完して、都合のいいように解釈をする傾向があります。

佐々木さんも「製品のスペックがわかるように」という指示を、「スペックデータをすべて記載する」と解釈しています。各製品を比較してそれぞれの特長を際立たせるような資料を作らなくても、すべて載せておけば読み手はスペックが「わかる」だろうと思い込んでしまったからです。

こうした解釈の齟齬を減らすために役立つのがPAC思考です。骨子の作成を始める前に、自分の認識をPACに当てはめてみて、「前提・事実」が正しいか、「仮

P クライアント向けに、自社商品のスペックがわかる資料の作成を頼まれた。

A 指定された商品のスペックをなるべく詳しく調べてまとめたら、相手は自社製品を理解できる。

C 商品スペックのデータをたくさん集めて羅列しよう。

クライアントは何を見たい？

スペックを羅列した資料はすでにあるのでは？

数字を羅列した資料から何を読み取れる？

定」と「結論」に矛盾や違和感がないかを確認します。

たとえば、相手の期待通りの資料を作るため、「自分が認識している相手の要望」をＰＡＣに当てはめてみます。佐々木さんのケースなら上のような図が作成できるでしょう。しかし、この図を見ると「クライアントはたくさんのスペックデータを見たいか？」「スペックを羅列した資料なら、すでに存在するのでは？」といった疑問が出てくるはずです。

このように自分の認識を可視化して初めて、明らかになる疑問や気づきは少なくありません。また、前提や仮定が不明であれば、必要な情報が不足していると気づくことができます。
また、骨子に対して「違う」と言われても、前提と仮定と結論のどれが間違っているのか、具体的な指摘が受けられるので、修正負荷が減るというメリットも。

「やり直しが多い」「仕事がうまくいかないことが多い」と感じている人は、小さな依頼事項でも骨子レベルで確認してから作業に入るようにすると、解釈のすれ違いが減って仕事のクオリティが上がるはずです。
同じ「失敗」でも、なんとなくの失敗よりも、インプットを整理したうえでの失敗のほうが、得るものが多いでしょう。

Case 11
まとめ

いきなり完成版を提出するのではなく、レビューをしてもらうのが基本

★

自分の認識を信用しすぎないこと。PACで整理すれば的確にインプットできる

12

アドバイスがみんなバラバラ

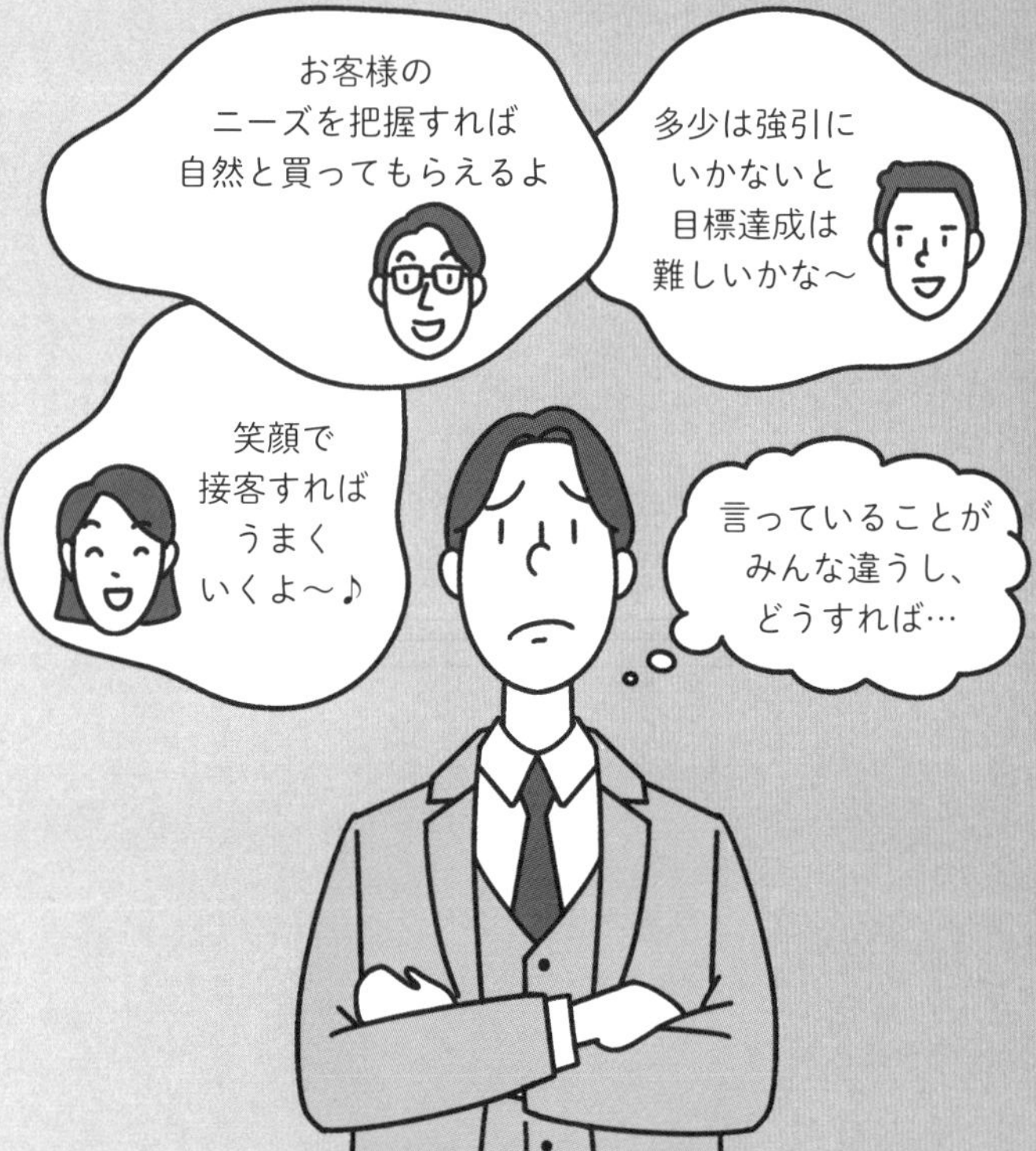

お客様の
ニーズを把握すれば
自然と買ってもらえるよ
多少は強引に
いかないと
目標達成は
難しいかな〜
笑顔で
接客すれば
うまく
いくよ〜♪
言っていることが
みんな違うし、
どうすれば…

Case 12 episode

キャリアショップで販売員をしている中村さん。最近、販売成績が伸び悩んでいるので、ハイパフォーマーの上司や先輩にアドバイスをもらいましたが、みんな言っていることが違っていて、アドバイスの活かし方がわかりません。さらに、アドバイスをくれた先輩たちから「この前言ったこと、ちゃんと実践できてる？」と聞かれて気まずい空気に。一体どうすれば……？

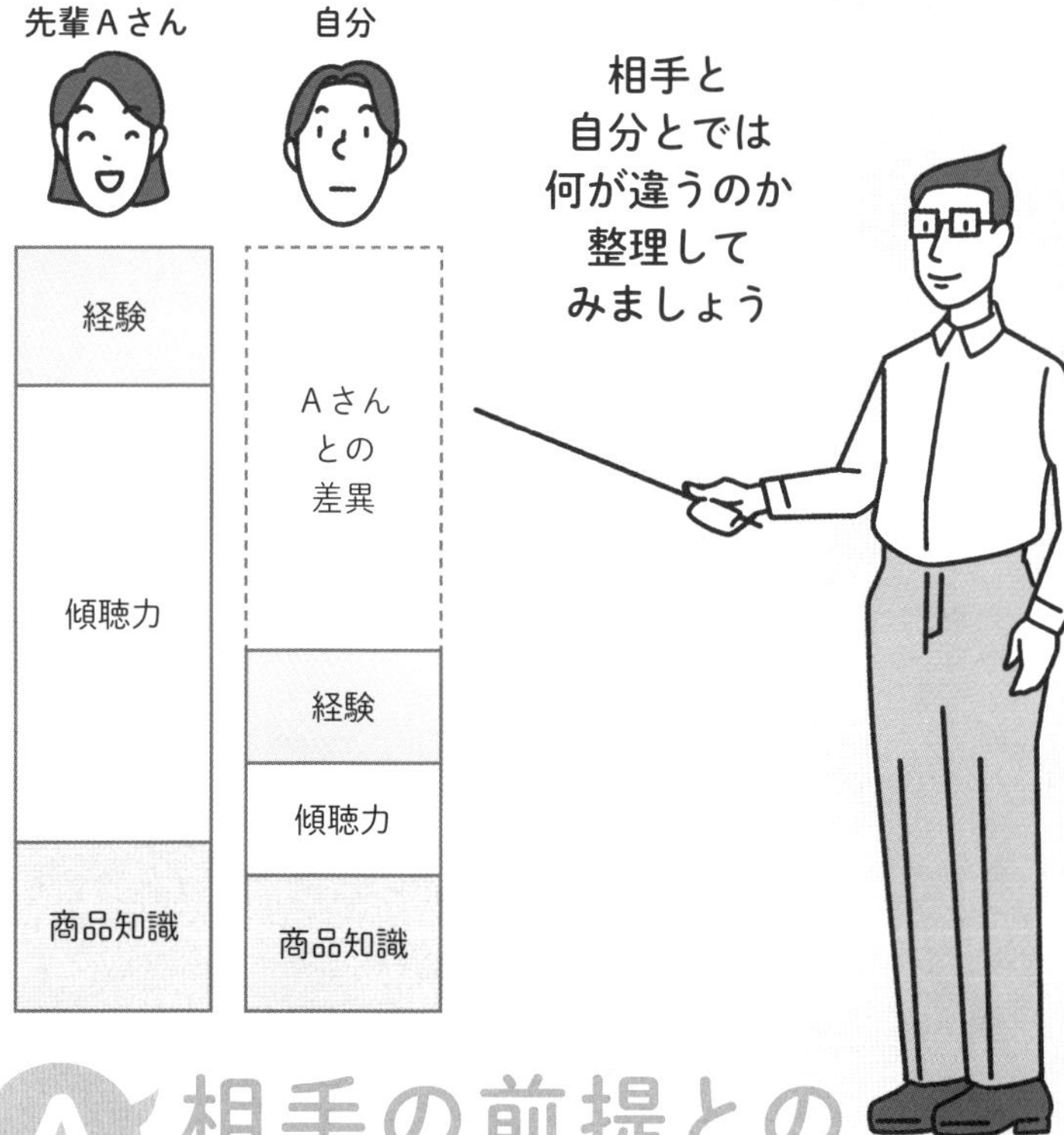
先輩Aさん
自分
相手と
自分とでは
何が違うのか
整理して
みましょう
経験
傾聴力
商品知識
Aさん
との
差異
経験
傾聴力
商品知識

A 相手の前提との違いに注目！

アドバイスは〝そのまま〟だと使えない

アドバイスが人によって違うのは、個人の資質やスキルによって最適解が異なるため。人からもらったアドバイスの多くは〝そのまま〟では使えません。アドバイスを有用なものにするためには、相手と自分との「考えの前提」の差異をあぶり出す必要があるのです。

たとえば、Aさんはすでに傾聴力やトークスキルを持っているため、「笑顔で接客すればうまくいく」というアドバイスをしていました。左ページの図のようにPAC思考で整理すると、結論にあたるアドバイスだけでなく、前提にあたるAさん持ち前のテクニックがカギとなっていることがわかります。

このように、Aさんと中村さんにおける、持っている経験やスキルといった前提の違いを可視化すれば、中村さんは自分の仕事の悩みを具体的に伝えられるようになるでしょう。そしてAさんと前提を共有できれば「もう少しお客様の話を傾聴したほうがいいかも」「商品知識は問題ないから、場数を踏んでトークスキルを磨こう」など、違ったアドバイスをもらえる可能性もあります。

このようにPAC思考は、相手と自分の違いを明確にして認識を揃える、といっ

＼ A 先輩の思考 ／

P
中堅以上のスタッフになると
「傾聴力」「商品知識」「セールストーク」といった
スキルは身についていて当然。

A
スキルに差がないと、提案内容にも差が出にくい。
「この人なら信頼できる」「相談しやすい」と
思ってもらえるように、好感の持てる
接客態度を意識したほうが成果につながるだろう。

C
笑顔で接客すればうまくいく。

たシーンでも役立てられるのです。

漠然とアドバイスを求めるのはNG

せっかくいろいろなアドバイスをもらったのに、中村さんがそれらを活用できなかった理由はもう1つあります。自分が話しやすい身近な上司・先輩に、手当たり次第アドバイスを求めてしまったことです。

思いつくままいろいろな人にアドバイスを求めると、自分が混乱するだけでなく、コミュニケーション上の不満を招くことがあります。アドバイスを求められた相手は、わざわざ自分の時間を割いたからには少しでも助言を活かしてほしいと期待するからです。せっかくのアドバイスが実践される気配がなければ、「わざわざ時間を作って、一緒に考えてあげたのに」と不満に感じるでしょう。

では、どのようにアドバイスを求める相手を選べばいいのでしょうか。基準として考えられるのが、「自分が参考にしたい人」や「業務上、自分の成果に対して責任を持っている人（＝直属の上司・リーダー）」であること。日頃から参考にしたいと思っている相手のアドバイスをＰＡＣ思考で整理すれば、自分に足りていない経験や身につけるべき知識などが明確になり、スキルアップが見込めます。

また、所属チームのリーダーや直属の上司は、あなたの成果が自分の評価につながっているため、親身になってアドバイスをしてくれるでしょう。

アドバイスを求める相手の優先順位を決めておけば、「誰のアドバイスを参考にすればいいかわからない」という悩みを抱えずに済むはずです。

誰のアドバイスを採用すれば、自分や周囲の人たちにとって一番プラスになるのか、というところまで気にしてアドバイスを求めるようになれば、自分のスキルアップだけでなく、チーム全体のパフォーマンス向上にもつながるでしょう。

＼ 課題「販売成績が伸びない」を PAC思考で掘り下げると… ／

P	ある時期から販売成績が伸び悩んでいる。接客していても手応えがない。
A	顧客ニーズをつかめていないため、アップセルやクロスセルができておらず、新人時代から成績が変わらない。 マニュアル通りの説明をしているから、顧客に商品やサービスの魅力が伝わっていない。
C	ニーズを捉えるために傾聴スキルをみがく。適切な商品やサービスを魅力的に提案するために商品知識を身につける。

自分の課題をPAC思考で掘り下げる

アドバイスを求める際に、自分が抱えている課題について思考を深めてみることも重要です。

中村さんの場合なら、「販売成績が伸びない」という課題を上図のようにPAC思考で掘り下げられるでしょう。「傾聴スキルに優れたA先輩にアドバイスをもらおう」「商品知識豊富なBさんに話を聞こう」と、相談相手や方向性が明確に。有用なアドバイスを引き出しやすくなります。

相談をする際には、PACで整理した情報を相手と共有するようにしてください。そうしないと、どこからどこに行くかわからない状態で、「自転車と徒歩、どっちがいい？」と聞かれているようなもの。前提条件やゴールがわからない状態では相手に役立つアドバイスができません。

山道だったら徒歩のほうが適しているけれど、平坦な道なら自転車が最適といったように、条件によって有効なアドバイスが変わってきます。

相手と自分の時間をムダにしないためには、こうした情報整理が欠かせません。受け取ったインプット（アドバイス）の整理だけでなく、自身の課題整理にもＰＡＣ思考を応用してみてください。

Case 12

まとめ

人によって経験やスキルが違うので、アドバイスはそのままだと使えない

★

相談をする際はPACで整理した情報を共有！アドバイスを求める相手の選び方も大切

column 05

心がラクになる整理思考

Question

アドバイスを受けたときに感情的にならない方法は？

Answer

先輩や上司からのアドバイスを素直に受け止められないのは、「自分自身に対する否定」と捉えてしまうため。

ネガティブな内容でも、「人格否定」ではなく、「失敗という結果に対する評価」と捉えて、感情と切り離した状態で受け止めるようにしましょう。そのうえで、次に同じ失敗をしないための方法を知ることができた、と考えればアドバイスをポジティブに受け止められるはずです。

それでも嫌な気持ちになる場合は、一歩引いて相手の発言を受け止めるように意識します。ちょっと極端ですが、相手のことを“じゃがいも”だと思って、「じゃがいもがしゃべってるなぁ」くらいに俯瞰した視点からアドバイスを受け取ってみると、感情を波立たせずに済むはずです。

また、落ち込んでしまうのは仕方ないという前提で、下がった自己肯定感を上げる手段を用意するという考え方も。毎日100円ずつでもお金を貯めておいて、怒られたらその貯金を使って自分へのご褒美を買う、など。そうすれば、「お金が貯まってきたから、そろそろ怒られてもいいかも」と、気がラクになります。

13

成長のために何か始めたいけど…

Case 13 episode

社会人3年目になり、仕事にも慣れてきた吉田さん。ビジネスパーソンとして成長するためにスキルを身につけようと思い立ちますが、何を勉強すればいいのかわかりません。英語やプログラミング言語など、メジャーなスキルが思い浮かびますが、自分の成長につながるかどうか想像できず。悩んでいても仕方ないから、とりあえず勉強を始めてみるべき……？

Premise	Assumption	Conclusion	
ビジネスパーソンとして成長したい	優秀なビジネスパーソンはスキルが豊富	何かスキルを身につけるべきだ	×
ビジネスパーソンとして成長したい	活躍している人はほかの人にはない強みを持っている	レアリティの高いスキルを習得すべき	○

ＰＡＣ思考で
整理すると
仮説のほころびが
見えてくる
はずです

A 「わからない」現状を整理してみよう

答えの出ない悩みをPAC思考で整理

今の日本では、能力さえあれば基本的に自分の好きな職業に就くことができます。さらに、若いうちからの転職が当たり前になっていることから、「今後のための夢や目標を見つけないといけない」と、吉田さんのような悩みを抱えている人も増えているようです。

手っ取り早く、目に見える成長の証を手に入れるために、人気がある資格やスキルを身につけようとしがちですが、「資格やスキルをインプットすることが成長につながる」という考え方は正しいのでしょうか。まずはそこから、ＰＡＣ思考で検証してみたのが、左ページの図です。

このように整理してみると、がむしゃらに何かをインプットすることが成長につながる、とは言い切れないことがわかるでしょう。そもそも資格やスキルというのは、何か目的を達成するために必要な手段。「成長のためにインプットする」という考え方は、手段と目的が逆転しています。

では、具体的な夢や目標を持たない人は成長できないのかというと、そんなこと

\ 資格やスキルの取得で成長できる…? /

P 働いているからには、ビジネスパーソンとして成長すべき。

A 優秀なビジネスパーソンは知識が豊富で、できることも多い。いろんな資格やスキルを持っているはず。

C 成長するためには何か資格やスキルを勉強するべきだ。

結局、何を勉強するべきか答えが出ていない……。

はありません。成長したいけれど何をインプットすればいいのかわからないのは、何をもって「ビジネスパーソンとしての成長」とするのか、自分の中で明確に定義できていないからです。

一口に「成長」といっても、様々な指標があります。たとえば、収入が増えることを成長と考える人がいれば、新しい技術や知識を身につけることが成長だと考える人もいるでしょう。

仮に「収入が増える＝成長」と考えるのならば、昇給・昇格につながる資格を取得したり、給与が高い業界への転職に有利なスキルを身につけたり、といった道筋が見えてきます。

このように具体的な目的を設定して、もう一度仮説を立ててPAC思考で検証する、という作業を繰り返していけば、自分が起こすべきアクションが見えてくるはずです。

PAC思考というフレームワークは、漠然とした悩みと向き合う際の道標としても活用できるのです。

目標は〝意識高い系〟でなくてもOK

また、すべての人が仕事に対して高いモチベーションを持っているわけではありません。仕事はそこそこにプライベートを充実させたいなら、「就業時間がきちんと決まっている」「負荷があまり高くない」といった業種・職場が選択肢となるでしょう。しかし、誰でもできるような仕事だと意欲の高い人に取って代わられる恐れがあります。

そうならないためには、「マーケットの規模が大きくて、レアリティ（希少性）の高いスキル」を身につけるという方法がおすすめです。大きい市場の中で自分のレアリティを高めれば、人並み外れた能力がなくとも、替えのきかない人材として重宝されるでしょう。

加えて、変化の激しい社会で生き残っていくには、今後3〜5年、いかに世の中の需要にフィットしていくか戦略を練る視点も必要です。実際、私がこれまで出会ってきた優秀なビジネスパーソンは、自身が思い描いたキャリアに固執せず、運に左右されながらも局面ごとにベターな選択をしていました。

そう考えると、「やりたいことが思い浮かばない」という悩みは、「時代のニーズに合わせて柔軟にキャリアを変えていける」という強みになり得るのかもしれません。

Case13
まとめ

インプット＝成長ではない！
資格やスキルはあくまで目的達成の手段

★

目的を設定し、PAC思考で検証を繰り返せば
起こすべきアクションが見えてくる

Extra

新しい業務のインプットが大変…

誰にチェックしてもらえばいいの？
数字を確認するにはどこを見ればいいんだっけ？
この書類はいつまでに仕上げればいいんだ？

Case Extra episode

数年後に導入される、新しい法制度への対応を任された加藤さん。新しい仕事は、覚えることが多くて大変です。税理士とやり取りをしながら申請書類を作成したり、社内メンバーとは新体制整備のための打ち合わせをしたり。ミスは許されないので少しずつしか業務が進まず、うまくいかないことだらけ。膨大なインプットを効率よく整理するには、どうすればいい？

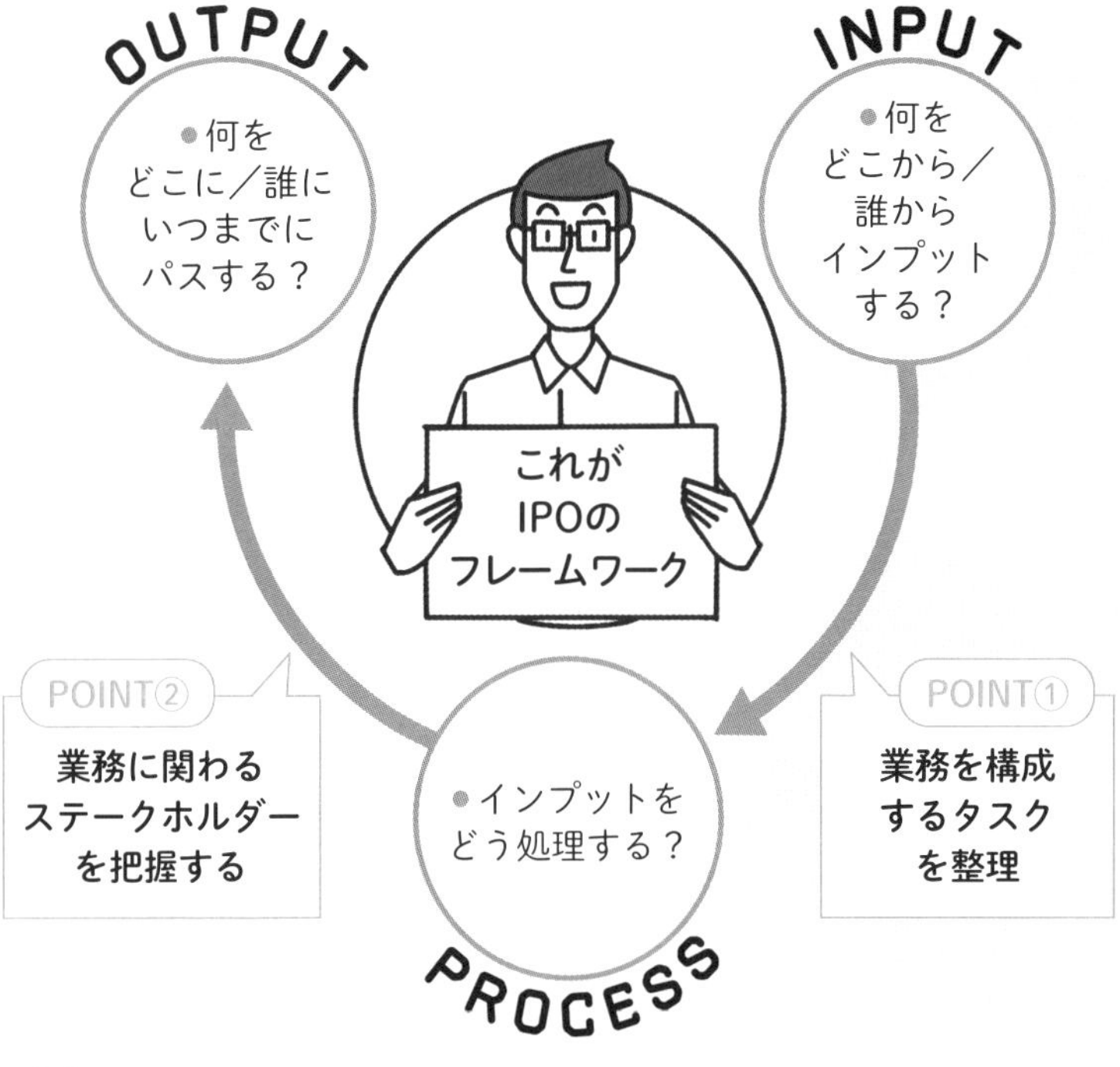
OUTPUT
●何を
どこに／誰に
いつまでに
パスする？
INPUT
●何を
どこから／
誰から
インプット
する？
これが
IPOの
フレームワーク
POINT②
業務に関わる
ステークホルダー
を把握する
●インプットを
どう処理する？
POINT①
業務を構成
するタスク
を整理
PROCESS

A 全体像をIPOで把握しよう

新しい業務にはＩＰＯが使える

Ｃｈａｐｔｅｒ２では、日常業務の中で受け取る情報を、ＰＡＣ思考のフレームワークを使って整理・検証し、正しいインプットを行うための思考方法を紹介してきました。

他方で、新しい業務マニュアルや組織のルールを効率的にインプットすることが求められるシーンも少なくないでしょう。

そこで本章の最後に、**業務の全体像を整理することでインプットがスムーズになる「ＩＰＯフレームワーク」**について解説します。

大企業では畑違いの部署への異動があったり、中小企業では専門外の業務を兼任しなければいけなかったりと、仕事をするうえで新しい業務内容をインプットすることは欠かせません。そんなときに役立つのがＩＰＯフレームワークです。

加藤さんは新しい法制度へ対応するため、多くの知識をインプットしたうえで業務体制を構築するというミッションを課されました。このようなケースで最初に求められるのが、業務の全体像を把握することです。

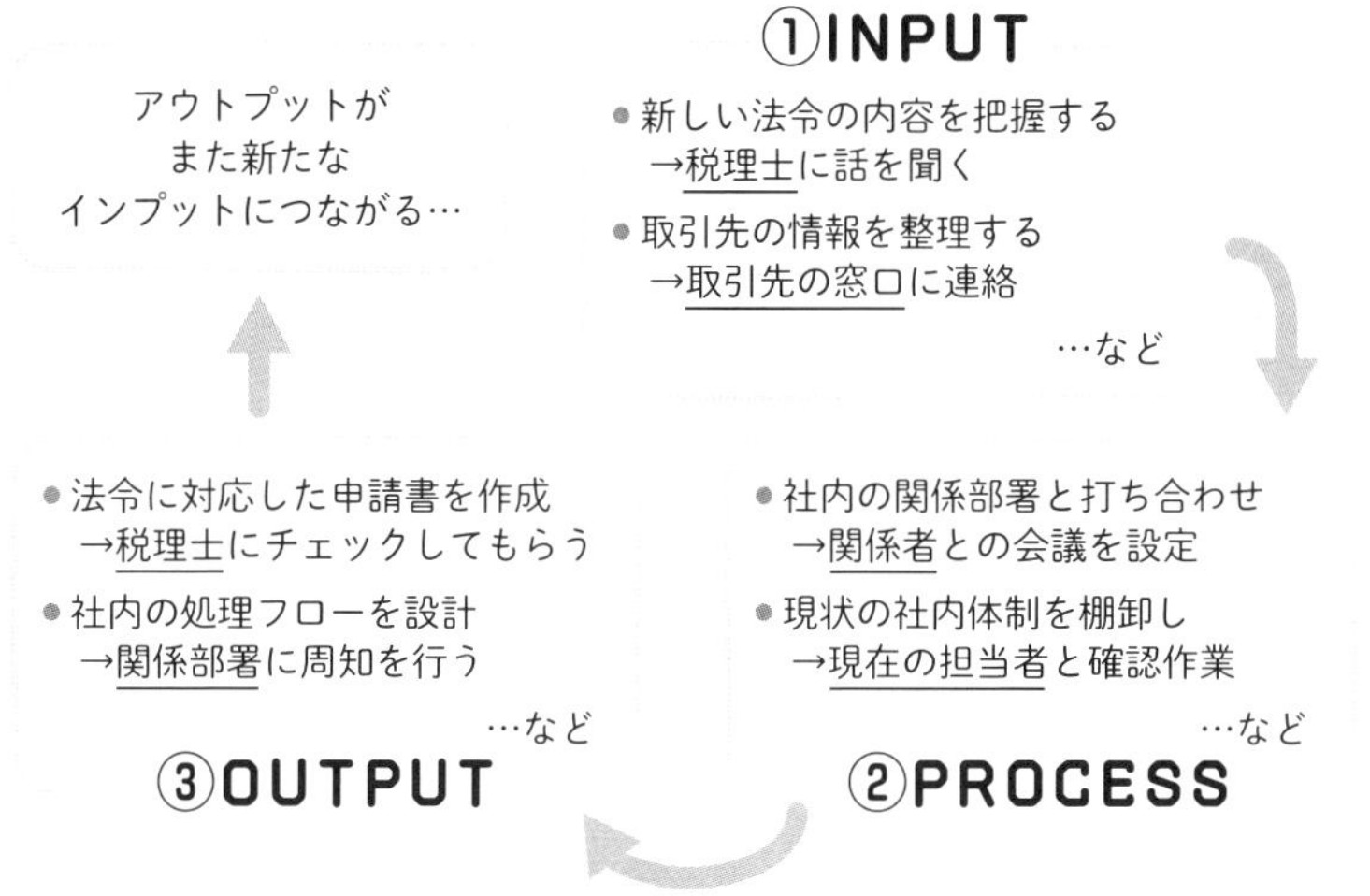
①INPUT
新しい法令の内容を把握する
→税理士に話を聞く
取引先の情報を整理する
→取引先の窓口に連絡
…など
②PROCESS
社内の関係部署と打ち合わせ
→関係者との会議を設定
現状の社内体制を棚卸し
→現在の担当者と確認作業
…など
③OUTPUT
法令に対応した申請書を作成
→税理士にチェックしてもらう
社内の処理フローを設計
→関係部署に周知を行う
…など
アウトプットが
また新たな
インプットにつながる…

そのためには、業務を構成するタスクを、「①何をどこから／誰からインプットを受けるのか」「②インプットをどう処理するのか」「③何をどこに／誰に、いつまでにパスするのか」といった観点から整理していく必要があります（上図参照）。

このように業務の全体像を整理していくと、自分が手を動かさないといけないタスクが明確になるだけでなく、「Aさんにはこの業務のこの部分をチェックしてもらわないといけない」「X部署には、この業務のこの部分をお願いするから、事前に相談しておかないといけない」など、ステークホルダー（利害関係者）の存在が明らかになっていくでしょう。

そうすれば「誰に何を聞けばいいかわからない」「これはどこの部署に確認してもらうべき？」といった混乱を防ぎ、確認や依頼漏れなどのミスも減らせます。

「仕事がうまくいかない」はどういう状況？

次に、加藤さんが感じている「仕事がうまくいかない」という状況を整理すると、「作業品質が上がらない」「関係者とのコミュニケーションがうまくいかない」の2パターンに整理できます。たとえば官公庁では、仕事の中身そのものをサブスタンス、それ以外のすべてをロジスティクスと呼んで区別しています。加藤さんの例でいうと、申請書類を作成するのがサブスタンスで、税理士や社内メンバーとのやりとりなどがロジスティクスにあたります。

中身とそれ以外、この2つの観点からも仕事を整理していくと、「うまくいかない」原因が見えてくるはずです。そして、どちらか一方、得意な分野があればそちらを軸に仕事を進めるなど、効率的なやり方を見つけることもできるでしょう。

"デキる人"は学び続けている

新しい業務を覚えないといけないというシチュエーションは、仕事をしている限り誰にでも訪れます。そして、いわゆる〝デキる人〟ほど、新しい知識や技術を覚えることに対して貪欲であると同時に、膨大なインプットをうまく処理しているのです。

また、新しい趣味を始める際に知識や技術の習得が必要になったり、地域コミュニティに入って新しい人間関係や行事について学んだりと、仕事以外の場面でもインプットを求められるシーンが多々あります。

IPOフレームワークを活用することで、プライベートの充実も実現できるでしょう。

Case Extra
まとめ

新しい業務は全体像を把握すれば効率アップ！
インプット・プロセス・アウトプットで整理

★

仕事は「中身とそれ以外」に分けられる。
うまくいかない原因はどっち？

column 06

心がラクになる整理思考

Question

デキる先輩や上司からの
フィードバックが怖いのですが…

Answer

相手からのフィードバックが怖くなるのは、ネガティブなプレッシャーを受けるのではないかと心配になるからです。特に、自分の仕事に自信が持てない人ほど、相手の発言を自分に対してのマイナス評価と捉えてしまいがちです。

しかし、フィードバックは人格攻撃ではなく、自分が伝えた情報に対するコメントにすぎません。自分の行動を肯定的に捉えて、相手とのコミュニケーションも正当なものであると考えるようにしましょう。

また、「このくらいのことで相手の時間を奪ってしまって申し訳ない」「つまらない質問だと思われそう」など、フィードバックをもらうこと自体に負い目を感じているケースも。

しかし、フィードバックをもらう回数や相手が適切であれば、負い目を感じる必要はありません。どうしても不安な場合は、相談したい内容を事前にテキスト化して、なるべくスムーズに事を進められるように準備しておきましょう。

優秀な先輩や上司のことは、つい高い存在として捉えがちですが、過剰に恐れたり、自分を卑下したりする必要はありません。

CHAPTER3

“頼れる人”のアウトプットとは？

周囲から信頼される人に共通するのが、「アウトプットが整っている」ということ。
誰にとってもわかりやすく物事を伝えるための方程式を見ていきましょう。

信頼される人は
アウトプットが整っている

言いたいことがすぐ伝わる

誤解や齟齬が
生まれにくい

報連相が正確に伝わる

常に状況を
正しく共有
できる

前章では、相手の意図を正しく理解するためのインプット方法について解説しました。一方、自分が伝える側に立ったときには、わかりやすくて、誤解が生じないようなアウトプットを心がける必要があります。

適切なアウトプットができれば、周囲からの信頼を得られ、仕事がスムーズに進められるからです。「話すのが苦手」「コミュニケーションが不得手」という人でもすぐに実践できる、アウトプットの〝方程式〟を解説していきます。

後輩への指導もきちんと伝わる

「教えたはずなのに…」が減っていく

依頼内容がきちんと伝わる
OK!

安心して仕事を任せられる！

STEP1

伝えたいことは「PREP」の形に整理する

●季節限定の新商品を売りたい場合…

たしか去年も売り切れていたはず…

季節限定アイテムはよく売れる

売れ行きが期待できるから相手にとっても損はない

この新商品は試食会でも好評だった

自社の新商品を店頭に置いてほしい

Point （結論）	自社の季節限定の新商品を仕入れてほしい。
Reason （理由）	試食会でも好評で、売れ行きが期待できるから。
Example （根拠・具体例）	去年の季節限定商品も売れ行き好調で、早々に売り切れた店舗もあった。季節限定商品は目新しく、お客様の満足度アップにもつながる。
Point （結論）	以上の理由から、季節限定の新商品を仕入れてほしい。貴店の売上アップにも貢献できると考えている。

自分の都合だけではなく、相手側のメリットを明確にして伝えるようにするのもポイントです。

STEP2

説得・提案するときはSCQで補強

S（シチュエーション）

テーマ・状況を共有して認識を揃える
お客様の満足度アップのため、季節に応じた商品の入れ替えは必須である。

C（コンプリケーション）

シチュエーションを“複雑化”して興味をひく
季節限定アイテムが売れるかどうかは並べないとわからないことが多く、売上の見通しが立ちにくいという難点がある。

Q（クエスチョン）

SとCをふまえた問いを投げかける
消費者の評判が確認できていて、売上が見通せる季節商品を仕入れたくないか？

アウトプットを整理するには、「伝え方」と「内容」の両方を整える方程式が必要です。そこでChapter3では、「伝え方」を整えるためのPREPと、「伝える内容」を補強するためのSCQの、2つのフレームワークを活用していきます。

すでに伝えたい内容が固まっている場合はPREPで伝え方を整えれば十分です。しかし、説得や提案が必要なシーンでは、SCQを使って内容を補強する必要があります。

これら2つの〝方程式〟を活用することで、わかりやすく説得力のあるアウトプットができるようになるでしょう。

14

とにかくメールに時間がかかる

○○○○○○○○○○○
宛先：○○様
件名：A-00123の納品スケジュールにつきまして
○○様
何から書こうか
迷っているうちに
時間が過ぎていく…
Tick
Tack
Tick
Tack

Case 14 episode

クライアントとメールでやりとりすることが多い井上さんですが、文章を書くのが苦手で、毎回メールの作成に時間がかかってしまいます。ほかにやらなければいけないことがたくさんあるのに、メール１通に30分以上かけてしまうことも。しかし、スピード重視で文章を書くと言いたいことがうまく伝えられず、どうバランスをとればいいのか悩んでいます。

○○○○○○○○○○○
宛先：○○様
件名：A-00123の納品スケジュールにつきまして
○○様
平素よりお世話になっております。

サンカク製作所の井上です。

先日ご相談をいただきましたスケジュールの件、そのままご希望に沿うことが難しいため、素材発注に先行着手するのはいかがでしょうか。理由としまして、社内のリソースが不足していることと、素材の追加調達に時間がかかることがあります。

今週いっぱいは動けるスタッフがいません。また、素材の追加調達にも1週間ほどかかる想定です。先に素材発注だけ進めておき、来週からスタッフ を稼働させる場合、○日までには納品することが可能です。

したがってご希望のスケジュールには沿えませんが、上記の代替案について、ご検討いただけますと幸いです。

お手数おかけしますが、ご確認のほど、
何卒よろしくお願い申し上げます。

冒頭と締めは定型に
「何を書くか」が決まればスピードアップできます！

A PREPの構成を活用！

フォーマットを決めればラクになる

メールを書くのに時間がかかってしまう人に多いのが、メール1通ごとに、文章をゼロから考えているパターン。「書き出しはどうしよう」「どんな順番で説明しよう」と構成に悩んだり、文章を推敲したりしているうちに、数十分が経ってしまっていることもあるのではないでしょうか。

わかりやすいメールを手早く書き上げるには、PREPのフォーマットに沿うのがおすすめです。

まずは、メールを送る目的をPREPのP＝POINTとして最初に書きます。たとえば、「先日ご相談をいただきましたスケジュールの件、そのままご希望に沿うことが難しいため、素材発注に先行着手するのはいかがでしょうか」など。

次に、「理由としまして、社内のリソースが不足していることと、素材の追加調達に時間がかかることがあります」と、Pを補強・解説するためのR＝REASONを付け加えましょう。

そして、相手が判断しやすいように、「今週いっぱいは動けるスタッフがいません。また、素材の追加調達にも1週間ほどかかる想定です。先に素材発注だけ進めておき、来週からスタッフを稼働させる場合、○日までには納品することが可能です」と、具体例としてE＝EXAMPLEを示します。

最後に、「したがってご希望のスケジュールには沿えませんが、上記の代替案について、ご検討いただけますと幸いです」と改めてP を再提示。このような文章構成をフォーマットとして持っておくと、必要以上に時間をかけずに、わかりやすいメールを作成することができます。

加えて、社内メンバー宛や取引先の担当者宛など、送信相手に合わせて冒頭と締めの定型文を3～4パターンほど用意しておけば、さらなるスピードアップが見込めるでしょう。

敬語表現より"わかりやすさ"を重視

「相手が気を悪くすることを書いてしまっていないか」「敬語表現が間違っていないか」といったことを気にして、メールを書くのに時間がかかってしまうケースも少なくありません。また、失礼な物言いを避けようとするあまり、回りくどくてわかりにくい文章を書いてしまっている人も。

しかし実際のところ、隅々まで正しい敬語表現が使われている文章よりも、わかりやすく簡潔な文章のほうがビジネスシーンでは好まれます。

ビジネスメールの目的は、連絡事項を正確に伝えること。そのための表現を徹底していれば、自然と相手に対する配慮や敬意が伝わるはずです。

文章表現や文法については、よっぽど非常識な間違いでない限り、目くじらを立てて怒るような人はほとんどいません。それよりも、相手が短時間でストレスなく読める文章を書くことに注力しましょう。


また、質問事項を文章の冒頭か末尾に固めるといったテクニックも、伝わりやすいメールを作成するうえで有効です。

メールが長すぎないか要チェック

メール作成に時間がかかりすぎる原因の1つとして、そもそも伝えるべき情報の量が多すぎて、メールのみのコミュニケーションで完結させるのが不適切な場合があります。

いつも長文になってしまう人は、一度、自分が書いたメールを読んでチェックしてみましょう。もし読み終わるのに3分以上かかるようなら、他のツールを使ったコミュニケーションが必要です。

具体的には、メールの内容を補足するために電話をする、改めてミーティングの場をもうけるといった方法が考えられます。

もしくは、メールの内容を資料としてまとめて添付するのも一手です。

PREPに則った文章構成のフォーマットを用意したうえで、「できるだけ簡潔な表現」という方針が定まれば、迷いがなくなり、メール作成にかかる時間が大幅に短縮できるはずです。

Case 14

まとめ

PREPのフォーマットで効率化！
敬語表現にはこだわりすぎなくてOK

★

ビジネスメールは相手が短時間で読めることが大切。長くなるなら他のツールも使おう

15

なぜかいまいち伝わらない

Case 15 episode

社会人３年目になった木村さんは、若手社員の代表として会議で意見を求められることが増えてきました。現場の若手の意見をしっかり伝えたいという思いから、様々な同僚の意見や具体事例をふまえて発言するのですが、先輩や上司の反応はいまいち。「それってどういうこと？」「結局、何が言いたいのかな？」と聞き返されることも多く、心が折れそうです。

聞くときも
話すときも
PREPを
忘れずに！
PREP

A PREPに沿って発言しよう

会議での発言もPREPで整理する

会議の趣旨や全体像がつかめていなければ、どんなに一生懸命意見を述べても、ほかの参加者から「この人は何を言っているんだろう」と怪訝に思われてしまいます。たとえそれが自由な意見交換が目的とされる会議であっても同じです。

木村さんのように、自分の発言がうまく受け止められていないと感じることが多い人は、メモ書き程度でいいので、事前に議論を予想した〝プレ議事録〟を作成してみてください。会議前に共有されるアジェンダに沿って、各トピックスでどんなことが話題になりそうか、あらかじめ書き出しておくのです。

そして会議当日には、書き出しておいたプレ議事録メモを見て、会議の全体像を意識しながら話を聞くようにします。そのうえで、PREPのフォーマットに則って発言をすると、〝的外れ〟な発言が格段に減っていくでしょう。

伝えたいことがたくさんあるときこそ、優先順位をはっきりさせたうえでPREPに落とし込み、相手がスムーズに理解できるように整理しておくのが大事なポイントです。

発言内容をＰＲＥＰで整理しておかないと、「あれも言いたい」「これも伝えておかないと」と話題がどんどん広がってしまいます。そうすると「結局、この人は何が言いたかったんだろう？」と、相手を戸惑わせるばかりで肝心な論点がきちんと伝わりません。

前項の「ＰＲＥＰのフォーマットを使ったメール作成（Ｐ１２０〜）」と同じように、「私は○○○○案がよいと思います。なぜなら、○○○○だからです。具体例として、○○○○といったものが挙げられます」と、発言のフォーマットを自分で作っておいてもよさそうです。

また、木村さんのように伝えたいことが多すぎて意見がまとまらない場合は、理由（Ｒ）か具体例（Ｅ）のところで、「理由（具体例）が３つあります」と、最初に伝えてしまう手法も有効。これはプレゼンテーションなどでよく使われる「ナンバリング」というテクニックです。

多くの人はいつまで続くかわからない話を聞くのに苦痛を感じますが、「理由は３つ」とあらかじめ項目の数を提示すれば、聞き手のストレスを軽減することができます。

PREPで質問力もアップ

ほかの会議参加者の話を聞いて、的確な質問をするのも重要なアクションです。PREPを意識しながら発言を聞いておくことで、「発言の趣旨の根拠（R）が抜けているから質問してみよう」「ほかに具体例（E）があれば教えてもらいたい」といった気づきにつながり、的確な補足質問ができるようになります。

会議中の発言すべてに対して、「理由と根拠、具体例が明確であるか」を常に確認しておくのが、参加者に求められるスキルです。

的確な質問ができるようになれば、「言われてみればそうだ」「確かに、そこを確認しておくべきだ」と、ほかの参加者からの共感や信頼を得られるでしょう。

また、聞き取った内容の根拠や理由などを明確にしておけば、あとで自分が情報整理するときにも役立つので、わかりやすい議事録を作成するために欠かせないスキルともいえます。

社外関係者とのミーティングなど、参加者同士で情報をやりとりする機会が限られている場合は、1回1回のコミュニケーションで情報を取り逃がさないようにすることが、とても重要になります。このように、PREPは人の話を聞くときのフレームワークとしても役立つのです。

また、質問を投げかける際に気をつけたいのが、相手への敬意を忘れないこと。

「その意見の根拠はどこにあるんでしょうか」などと上から目線で指摘するとよけいな反感を買ってしまう恐れがあるので、「この点についてすでに考えているかと思いますが、まだ話に出てきていないので聞かせてください」というスタンスで情報を聞き出すのがポイントです。

Case15 まとめ

あらかじめ会議の全体像を把握したうえで、PREPに沿って発言内容をまとめよう

★

話す人も聞く人もPREPを意識すれば、的確なやりとりができて有意義な会議に

16

このタイミングで まさかのトラブル

頼んでた作業
もう終わった？
えっ 急がない
仕事なんじゃ!?
あれはBさんが担当に
変わったのでは？
なんでA社の件、
進めてないの？
契約の件、
上司からNGが
出ちゃって…
えっ ほぼ100%OK
だったのに!?
ざっくりでいいって
言ってたのに!?
この資料の
内容だと
判断できません

Case 16 episode

最近、仕事上のコミュニケーションでうまくいかないことが多い林さん。「え、それ聞いてない」「最初に言っていたことと違うのでは？」ともやもやしつつ、同じようなコミュニケーションミスが続くので、自分が悪いような気も……。二度手間になったり、周りに迷惑をかけたりと、仕事に支障をきたしているので、どうにかしたいのですが……。

思い込みや
願望を捨てて
客観的に前提を
確認します
前提

A 物事の前提をSCQで整理しよう

「話が違う」となる理由は？

コミュニケーションにおいて、誤解が発生するのはある程度仕方のないこと。なぜなら、持っている知識などの前提条件が人それぞれ異なるからです。仕事においても、多くの人は自分にとって都合のいい前提条件で物事を捉えがちである、と言えるでしょう。

「ほぼ100％契約が取れた」と思っていたのに、クライアントの上司からNGを出されてしまった林さんの案件を例にとって考えてみましょう。

直接やりとりをしていたクライアント担当者が、「あともう少し、価格を抑えられたら上司から契約OKをもらえそうなんですけどね」と言ったとします。契約が取りたい林さんは、「もう少し値下げをすれば契約してくれるんだ」という前提で仕事を進めようと考えるでしょう。

一方で、クライアント担当者は「コストを理由に、当たり障りなく断りたい」「もし競合より大幅に安い見積もりが取れて、自分の手柄にできたらラッキー」など、別の目論見を前提に話しているかもしれません。

これらの前提、仮定が正しいか疑ってみる

S 状況
A社の担当者は、前向きに営業提案を聞いてくれている。

C 複雑化
競合と比べて価格が高いのがネックになっている。
しかし、価格を下げれば導入してくれそうだ。
A社の規模を考えると、少しディスカウントをしても
利益を確保することができるだろう。

Q 質問
価格を下げるにはどうすればいい？

SとCが正しくないと、間違った問いが導き出される

このような互いの前提条件の不一致が、「最初と話が違う」という結果につながるのです。

SCQで前提条件を整理しよう

ビジネス上のミスコミュニケーションを最小限に抑えるのに役立つのが、SCQのフレームワーク。効果的なプレゼンテーションを行うために使われることが多いフレームワークですが、状況を客観的に整理したいときにも活用できます。

もちろん、100％の精度で相手の前提条件を把握することはできません。しかし、上の図のように「自分の考えている現状」をSCQの形に整理して、Cにあたる部分が正しいかどうかを見直してみるだけでも、ミスコミュニケーションが減らせるはずです。

上の図の例でいうと、「価格を下げれば導入し

てくれそうだ」という前提条件について見直すことになります。

ここで大事なのが、たとえ自分にとって都合のいい前提条件であっても、「本当に？」と疑ってみること。すると、クライアント担当者は「上司にOKをもらえそう」としか言っていないので、「価格を下げれば導入してくれそうだ」という前提条件は単なる希望的観測にすぎず、確約されていないことに気づけるでしょう。

そこでメールなど文面が残るツールで念押しをしてみると、相手の前提条件を推し量れることがあります。

たとえば、「先程のお打ち合わせで、価格を下げられれば導入していただけるとのお話でしたので、さっそく社内で調整し、改めてお見積もりをお送りいたします」というメールを送ってみるとしましょう。すると、「お見積もりをいただいたうえで、こちらも上司と相談・検討してみます」など、口頭よりも弱気なスタンスが見えてくるかもしれません。

口約束では主観的かつあいまいな伝え方ができても、文面が残る場合には慎重な対応をとる人は少なくないのです。

このように、ＳＣＱのフレームワークで現状を整理すれば、相手から伝えられた内容は、確定情報ではなく希望的観測が強いものであることがわかります。

また、社内でのフランクなコミュニケーションであっても、前提条件のすり合わせは欠かせません。

「急ぎじゃないから、手が空いたときに進めておいて」という依頼も、「いつでもいいんだな」と自分に都合よく受け取るのではなく、「本当にいつでもいいのかな？」と疑ってみたほうが安全です。

改めて確認してみたら「急ぎじゃないけど、来週中には成果物がほしい」といった誤解があるかもしれません。

Case16

まとめ

人はつい自分に都合のよい前提条件で物事を捉えてしまい、相手との違いに気づかないことも

★

SCQで自分が捉えた現状を客観的に整理すれば、「話が違う」という事態は減っていく

17

後輩への指導って難しい…

Case 17 episode

後輩の指導やサポートを任されるようになった山口さん。ていねいな指導が後輩の成長につながると考えて、仕事の背景やルールなどをくわしく教えるように心がけています。しかし、教えた通りに仕事をしてくれず、同じミスを繰り返すので、関係性もギクシャクしてしまっています。いっそのこと、教えなくてもいいのでしょうか？

A 「仕事」と「作業」は別のもの

後輩が話を聞かないのはなぜ？

後輩やトレーニーが、「教えたはずの仕事ができていない」「何度も同じミスをする」という場面において、考えられる原因は主に2つあります。技術面でやり方がわからないというケースと、感情面でその仕事をする理由がわからないというケースです。

仕事ができない・話を聞かない理由によって、〝作業〟を教えるべきか、〝仕事〟を教えるべきか、とるべき対応が変わってきます。

たとえば、技術面でやり方がわからない相手には、作業手順やコツなどを教えれば事足りるでしょう。しかし、感情面でその仕事をする理由がわからない相手に作業手順をいくら教えても期待通りのアウトプットは見込めません。

そして、仕事をする理由や背景がわからないままだと、不満がたまるのに加えて、本質的な理解につながらないというデメリットも。そのため、教えたことをちゃんとやってくれない、同じミスを繰り返すといった状況に陥るのです。

では、山口さんの後輩の置かれている状況をＳＣＱの観点から整理してみましょ

S 状況	後輩が仕事を進められなくて困っている。	
C 複雑化	作業の手順・やり方がわからなくて困っているようだ。	なぜこの仕事をしなければいけないかわからなくて、感情面で納得できていないようだ。
Q 質問	作業手順を教えてあげればいい？	仕事の背景・理由を教えてあげればいい？

困りごとの理由が違えば、問いへの答えも違ってくる

う。このケースでは上の図のような推測が立てられます。

Cの設定が誤っていると、コミュニケーションに齟齬が発生してしまう、というのはほかのケースと同様。

後輩に仕事を教える際、トレーナーが「教えるべきである」と考えていることを一方的に伝えがちです。しかし、後輩にどんな手助けが必要なのか、先輩側が理解していないまま指導を続けると、相手が求めるガイダンスが与えられず、不満がたまっていくことになるでしょう。

先輩・後輩間のコミュニケーションで起こりがちなすれ違いの例として、

「作業レベルのことが知りたいだけなのに、仕事の目的や背景から説明される」というケースがあります。山口さんのようにていねいな指導を心がけている先輩ほど陥りやすいシチュエーションです。

後輩側は「そんなことは大体知ってるよ」「話は長いのに肝心なところを教えてくれないな」と感じ、先輩側も「せっかく教えているのに、何で話を聞いてくれないんだ」と、互いに不満をためることになってしまいます。

〝仕事〟を教えるにはPREPが有効

SCQのフレームワークを使って、後輩への指導が独りよがりになっていないかどうかチェックしてみることで、よりよいコミュニケーションを目指すことができるはずです。

加えて、〝仕事〟を教えるときには、PREPのフレームワークを使って、簡潔な説明を心がけましょう。「この仕事はこう進めてください。なぜなら○○だから。具体的には○○のようにしてくださいね」といった流れで伝えれば、わかりやすく説得力のある説明になるはずです。

そのときに避けたいのが、「クライアントが言っているから」「昔から決まっているから」といった非合理的な説明をしてしまうこと。これでは相手を納得させられないうえに、不信感を持たれてしまう恐れもあります。

後輩への説明をPREPに落とし込むときに、自分自身が納得できる内容になっているか確認をしておけば、こうした状況に陥らずに済みます。

仕事の背景や目的を伝える際には、会社のためという観点だけではなく、「この作業は、あなた自身の成長にもつながる」「身につけたスキルはほかのことにも応用できるし、長期的なメリットがある」というように、後輩の立場に寄り添うような言葉を付け加えるのもよいかもしれません。

Case 17

まとめ

"教えたい"ことを一方的に教えるのではなく、後輩の状況を客観的に整理してみよう

★

仕事の説明をするときにはPREPに落とし込み、説得力のある内容になっているかチェック

18

頼んだ通りにやってくれない

Case 18 episode

年次とともに任される仕事が増えてきた松本さん。自分１人ではタスクをこなしきれなくなってきたため、同僚や後輩に手伝ってもらうことに。しかし、上がってきた成果物が自分の想定したものと違っていて、結局やり直しになることがほとんど。思い通りの成果を上げるには、自分が手を動かすしかないのでしょうか？

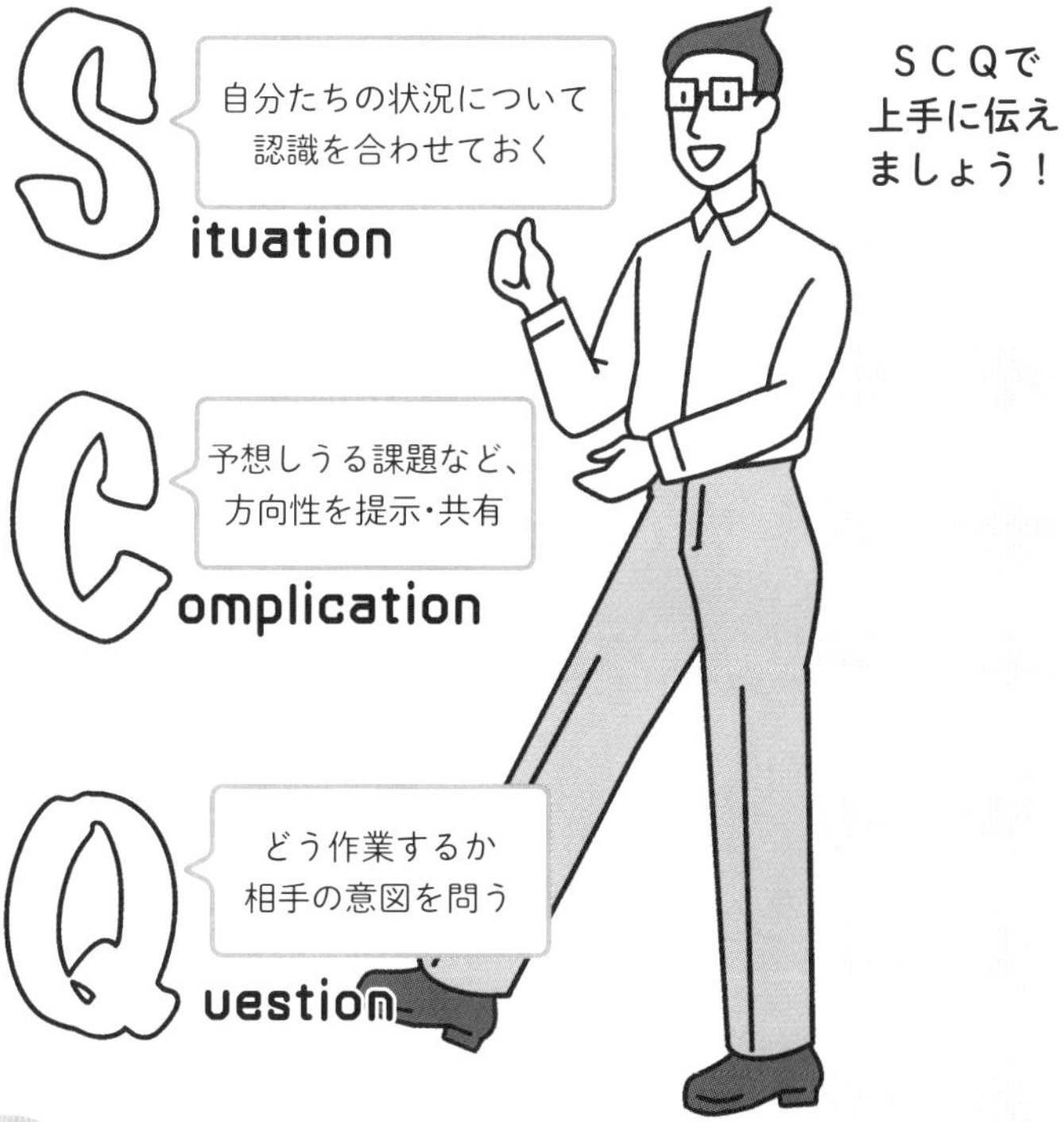
自分たちの状況について
認識を合わせておく
Situation
予想しうる課題など、
方向性を提示・共有
Complication
どう作業するか
相手の意図を問う
Question
ＳＣＱで
上手に伝え
ましょう！

A 頼みごとも SCQで整理！

頼みごとの前には準備をしよう

人に仕事を頼んだけれど期待通りのものが上がってこないのは、依頼事項の伝え方に問題があると考えられます。一度説明しただけで思った通りの成果物が上がってくることはほとんどありません。

Chapter2のCase11（↓P88～）で述べたように、誰かに仕事を依頼する際には、複数回のレビューを行うのが大前提となります。

資料作成を依頼する場合には、スケルトン（骨子）・ドラフト（構成案）・フィックス（完成版）の3段階でレビューを行います。そして、リサーチ業務を依頼する場合なら、作業に入る前に、段取り・スケジュール・進め方といった「計画」をレビューします。そうすることで、期待したものに近い成果物が上がってくるようになるはずです。

しかし、依頼者自身があらかじめ成果物のイメージを明確にできていないと、何度レビューを行っても思った通りのものは上がってきません。

そのため、作業を進めながら思考を深めていくタイプの人や、感覚やセンスで仕

S 状況　契約につながるような営業提案書を作らなくてはいけない。

C 複雑化　クライアントは、これまで類似商品を使ったことがない。
商品スペックを羅列しても、導入メリットがイメージできないかも。
初めての提案なので、無理に契約を取ろうとしなくてよい。

Q 質問　では、どんな資料を作ればいい？

事を進めるタイプの人は、他者に仕事を頼むのが苦手な傾向にあるようです。

そういった場合は、SCQで依頼内容を整理するとよいでしょう。たとえば、営業提案資料の作成依頼をSCQで整理すると、上の図のようになります。

「資料を作成しないといけない」というシチュエーション（S）がコンプリケーション（C）される理由は、「何のために資料を作成するのか」「この資料は誰に見せるものなのか」「どのような情報を記載しないといけないのか」など、WhyとWhatで深掘りすることで確認できます。

そして、リサーチ業務を依頼する際のコンプリケーション（C）は、「作業の優先順位は？」「必要な資料はどうやって集めるのか」「関係各所から情報が得られるまで、どのくらい時間がかかるのか」といった情報の整理をすることになります。

期待通りの成果物を作成してもらうには、こうした地道な準備をしておくことが重要です。誰かに仕事を頼むことも一種の〝プレゼンテーション〟にあたるのだと考えましょう。

依頼内容をPREPでわかりやすく説明

SCQを使って事前準備が完了したら、同僚や後輩に作業を依頼することになりますが、ここの説明がわかりにくいと、せっかくの準備が台無しに。PREPのフレームワークを使った、明確な情報伝達を意識してください。

この場合、SCQのSとCにあたる部分を、PREPに当てはめて次のように説明することができます。

「あなたに◯◯の作業をお願いしたいです（＝P）。◯◯のための資料なので、◯◯の情報を中心にスライド形式で作成すると活用しやすいです（＝R）。似た事例の資料をメール添付で送るので、それらを参照してみてください（＝E）。では、この流れでお願いしますね（＝P）」。

これらの説明に加えて、「似たような仕事をやったことはありますか？」「素材の入手方法はわかりますか？」といった問いを投げかけると、相手が持っている前提を確認でき、まったく予想していない成果物が上がってくるリスクを予防できます。

「自分ができるんだから、相手も同じようにできるはずだ」という前提条件を見直せば、期待通りの成果物が上がってこないという状況を改善することができるでしょう。

Case18
まとめ

頼みごともプレゼンの1つと考え、SCQで整理しておく

★

説明するときはPREPで明確に話しつつ、相手の持っている前提も確認しよう

19

提案を通すには どうすれば…？

Case 19 episode

ルート営業の清水さんは、担当している得意先を回って自社商品のアフターフォローをしつつ、新商品の営業提案もしています。得意先との関係性は良好ですが、営業提案がなかなか通らないのが最近の悩み。まったく話を聞いてもらえないわけではないものの、得意先の反応はいまいちで、最終的には「今はちょっと……」と断られてしまいます。

A 提案内容をSCQでチェック！

提案が通らないのはCが間違っているから

営業提案が通らない主な理由は、クライアントのニーズを正しく把握できていないから。クライアントが求めていないものを売ろうとしても、その営業提案は通りません。また、実際にはニーズに合っていても、訴求ポイントがずれているせいで「必要のない商品だ」と思われてしまうケースも。

いずれの場合も、SCQでいうところのCの設定が間違っているのです。

そもそもSCQはプレゼンテーションや営業提案を行う際に使われるフレームワーク。S（シチュエーション）の部分でクライアントの置かれている状況を説明して興味をひき、C（コンプリケーション）でSと紐付けた「これから起こりうる問題」をアピールします。そして最後にQ（クエスチョン）で「だから、◯◯があるといいと思いませんか？」と問いを投げかけると、前提を共有した状態での営業提案が可能になります。

Cの内容が適切であれば、クライアントは「確かにこの課題を解決したい」と考えるので、その後の営業提案を前向きに聞いてもらいやすくなるのです。

S 状況
得意先の業務品質向上につながる
新しい資材を扱うことになった。

C 複雑化
得意先はここ数年、
同じ資材Aを仕入れてくれているが、
新しい資材Bに切り替えたほうが
コストを抑えられる。
供給の安定性はまだわからないが、
それ以上にコストカットによる
メリットのほうが大きいはず。

Q 質問
どのようにして
新しい資材のコスパのよさを伝える？

得意先が資材Aの品質や供給が安定しているところに魅力を感じている場合、コスパのよさをアピールしても営業提案は通らない可能性が高い。

ヒアリングが不十分だとニーズを満たせない……

一方で、Cの内容が的外れなまま問いを投げかけても、クライアントは「そこは大きな問題じゃない」と感じるので、話半分程度にしか聞いてもらえないでしょう。

適切なCを設定するためには、クライアントが何に悩み、どんな問題を解決したいと考えているのか、といった情報が必要です。しかし、社外関係者とのコミュニケーションには、リップサービスや建前などが含まれることがあります。相手の言うことを鵜呑みにせず、情報の裏を取り、細かく確認しましょう。

清水さんのケースも、上の図のようにクライアントから十分な情報を引き出せないまま、ニーズに合わない提案をしてしまっている可能性があります。

どれだけ魅力的な商品・サービスであっても、相手のニーズに合致していなければ、その提案は通りません。

自分の営業提案をSCQに落とし込んだときに、クライアントのニーズに応える内容になっているか改めてチェックしてみましょう。

「この問題提起（C）は、クライアントにとって本当に大事なことだろうか？」という問いを繰り返すことで、改善点が見えてくるはずです。

知っておきたい定番テクニックも

SCQのフレームワークに加えて、今後の営業活動に役立ついくつかの〝定番テクニック〟をご紹介します。

1つ目は、案を複数用意したうえで「最もおすすめの案」を1つ推奨するというテクニック。複数ある中から選んでもらうことで、クライアントは「売りつけられたのではなく、自分で選んで決めた」と感じて満足度が高まります。

2つ目は、重要ポイントを定量的な表現でアピールすること。たとえば、「売上が大幅に伸びます」ではなく、「売上が平均150％アップします」など。

3つ目は、クライアントの事業目標に沿った提案を行うこと。たとえば最近の傾向では、SDGsを重視している企業とそうでない企業とが両極端になっています。「この製品を導入すれば、二酸化炭素の排出量が2割減ります」と提案したときに「その副次効果はうれしい」と評価される場合と、「弊社のビジネスには関係ないので」とスルーされる場合に分かれるのです。

また、現場担当者と経営者とでニーズが異なるケースも多いため、ステークホルダー全員を洗い出して、それぞれが求める期待値を整理することも欠かせません。どちらか一方だけの要望を満たしていても、もう一方から反発を食らってしまうことがあるので注意が必要です。

Case19
まとめ

前提を共有し、正しい問題提起を展開すれば、先方は提案内容に興味を持ってくれる

★

コンプリケーション(C)の適切な設定には、クライアントが抱える問題の理解が欠かせない

column 07

心がラクになる整理思考

Question

意見を否定されることが多くて、会議で発言しづらい

Answer

会議で意見を否定されることが多い場合、まず「会議の目的」を誤解していないか確認する必要があります。たとえば合意の場として設定された会議なら、反対意見を述べても否定されるのは当たり前。ときには、「なぜ否定されたのか」「どんなことを言われたのか」を振り返ることも大切です。

自由な発言が許された会議でも、自分の意見を述べるときには、その場で主流となっている意見に寄り添ったうえで発言するというテクニックがあります。

すでに多くの人が賛成している意見を全否定するような発言は会議の場を荒らすだけ。会議をムダに長引かせる原因にもなりかねません。

自分と異なる意見が多数派で、会議の場で発言しにくいこともあるでしょう。そういった場面でどうしても気になることがあれば、会議の企画者や招集者に伝えるという方法も。

ただし、会議後に意見を伝えるときは要注意。会議中に異論を唱えなかったなら、結論を大きく覆すような発言は避け、「予想されるリスク」や「備えておくべき注意点」を伝える程度にとどめておきましょう。

CHAPTER4

仕事が“うまくいく”問題解決とは？

前例や答えのある仕事を処理するのは得意だけど、問題解決には自信がないという人は意外と多いはず。

思考回路をスッキリと整理する、問題解決のための方程式を解説します。

問題解決ができる人は思考回路がスッキリ！

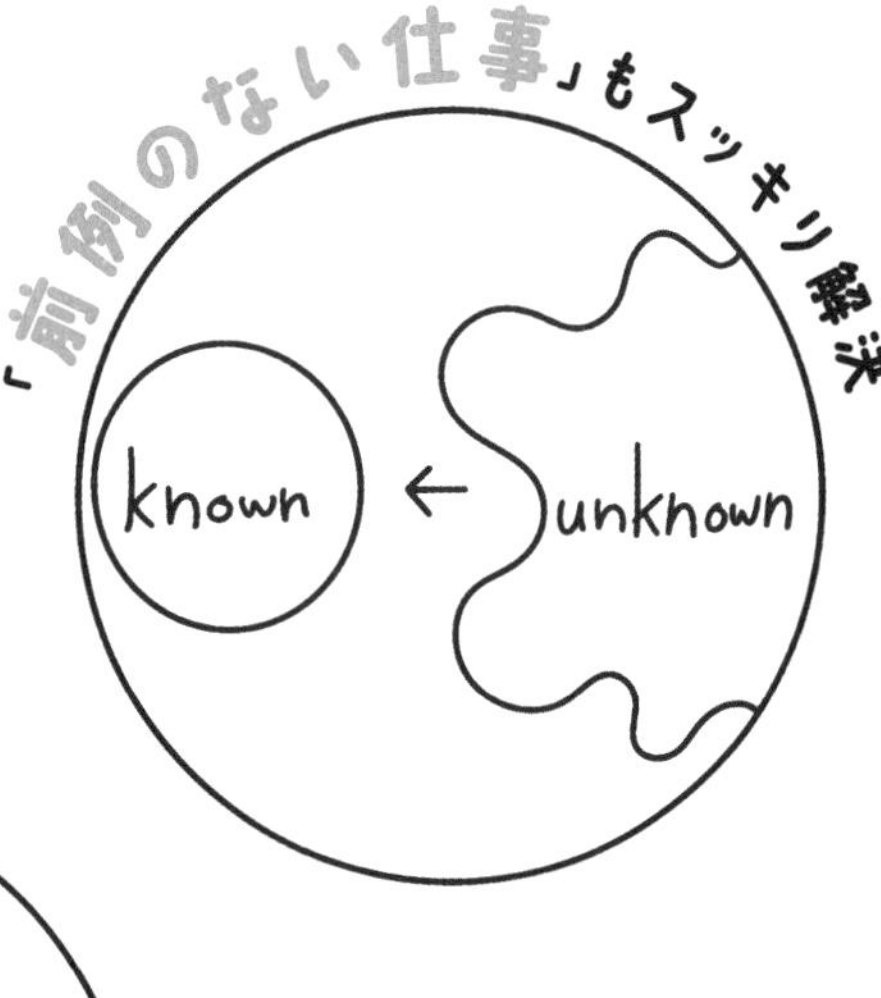
「前例のない仕事」もスッキリ解決
known
←
unknown

「わからない」が
「わかる！」
ように

成績の伸び悩みをスッキリ解決

成績不振という
“問題”を
解決！

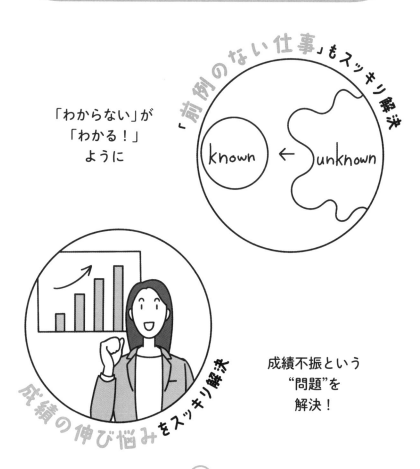

ビジネスパーソンにとって、問題解決能力は非常に重要です。そして、自分の頭で物事を考えて解決に導くには、思考回路がスッキリと整理されていなければいけません。「どれだけ考えても、解決策が思いつかない」のは思考の整理ができていないからです。

裏を返せば、整理のコツさえつかめば、誰でも問題解決ができるように。思考の道筋をつけるのに有効な、フレームワークの活用方法を見ていきましょう。

“落としどころ”が
スッキリ
明確に

クライアントとの交渉もスッキリ解決

ゴール設定の悩みもスッキリ解決
GOAL!

目指すべき
ゴールが
見えてくる

ピラミッドストラクチャーで問題を深掘り&解決①

STEP1
主張や課題を設定し頂点のボックスを作成

ボックスの中に入るのは…？

❶伝えたい主張

自分の主張を起点にピラミッドストラクチャーを作成すれば、説得力のある論理展開が可能に。「意見が聞き入れられない」ことに起因する問題解決に役立ちます。

❷深掘りしたい問題

ある問題について思考を深めたい場合は、「起こってしまった結果」や「自分が立てた仮説」を起点に問題を掘り下げます。主に、トラブル解決に有効な使い方です。

❸実現すべき目標

目標を起点に置くと、実現に向けた道筋をつけるうえで参考となるピラミッドストラクチャーが作成できます。設定した目標が本当に正しいか、見極めるためにも役立つでしょう。

❹比較・検証したい仮説や結論

「仮説・結論が複数あって決めかねている」という場合、すべての仮説・結論を起点としたピラミッドストラクチャーを作成し、比較・検証することで合理的な判断が下せるようになります。

STEP2

STEP1のボックスの内容を“Why”で掘り下げて、理由を示す

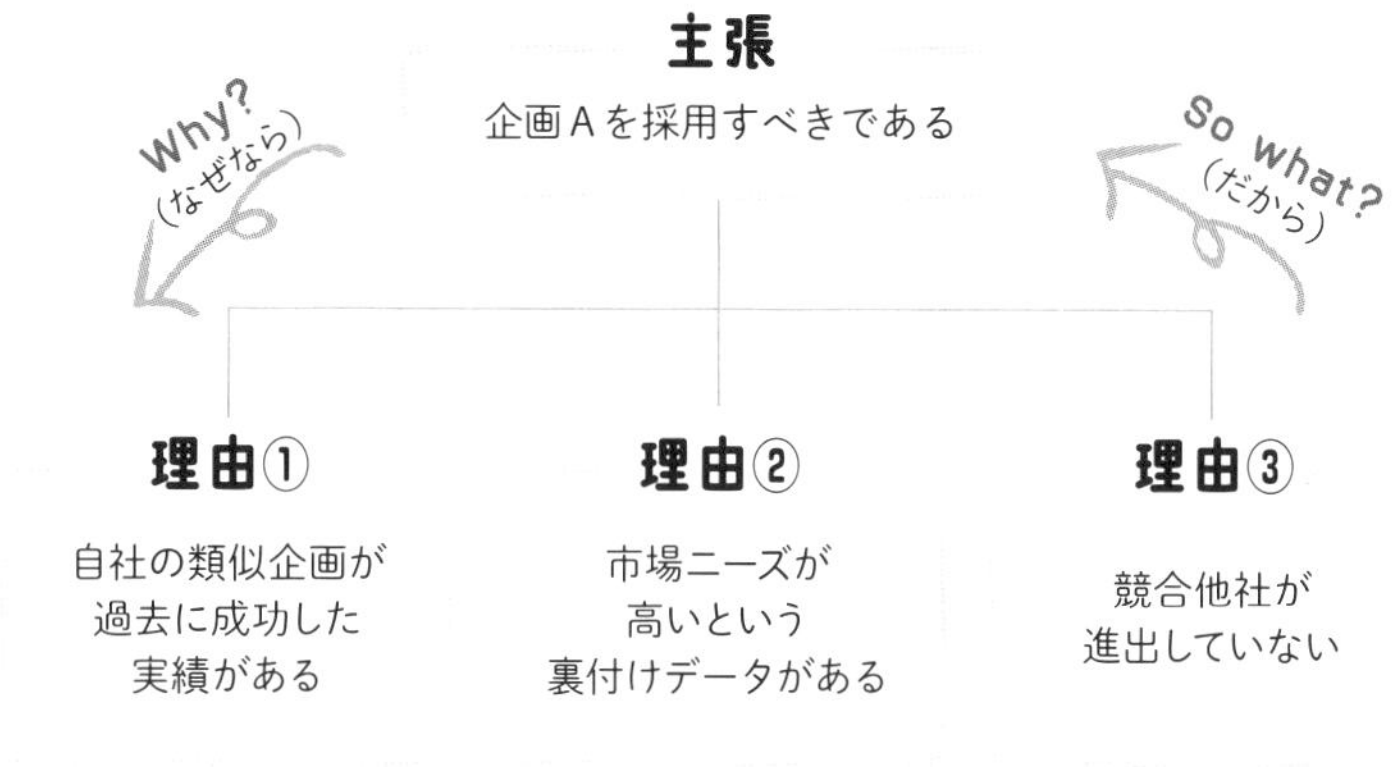
主張
企画Aを採用すべきである
Why?（なぜなら）
So what?（だから）
理由①
自社の類似企画が過去に成功した実績がある
理由②
市場ニーズが高いという裏付けデータがある
理由③
競合他社が進出していない

主観や感情を「理由」として挙げないよう注意が必要

ピラミッドストラクチャーとは、主張とその理由や根拠を図式化することで、論理的に情報整理を行うためのフレームワークです。アメリカの経営コンサルタント、バーバラ・ミント氏が体系化したもので、ロジカルシンキングの基本と言われています。

伝えたい主張や解決したい課題など、ピラミッドの頂点に置くテーマによって、様々な問題解決に応用することも可能です。

1つのテーマについて思考を深めることが苦手な人でも、ピラミッドストラクチャーのボックスを埋めていくだけで、ロジカルシンキングができるようになります。

ピラミッドストラクチャーで問題を深掘り&解決②

STEP3 それぞれの理由の裏付けとなる根拠を示す

理由①
自社の類似企画が過去に成功した実績がある

Why? → **根拠①**
企画Aとターゲット層が似ている企画Cも計画通りに集客できた

Why? → **根拠②**
企画Aとターゲット層が似ている企画Bで動員と利益が期待通りであった

それぞれの理由に関する根拠として提示できるのは、具体的な過去事例やデータなど。「誰かが言っていたから」「人気があるみたいだから」といった、具体性に欠ける伝聞や推測は適切ではありません。そして、根拠が見つからない理由は、見直しが必要になります。

最後に下から上に向かって「So what？（だから？）」で問い直して矛盾がなければ、ピラミッドストラクチャーの完成です。

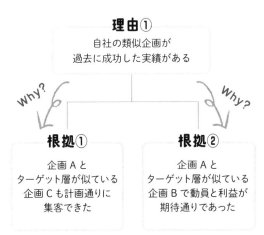

STEP4

完成したピラミッドストラクチャーに矛盾がないかチェックする

上から下に向かって「Why？（なぜ？）」で掘り下げていったピラミッドストラクチャーに対し、下から上に「So what?（だから？）」で問い直しをして、矛盾がないか確認します。

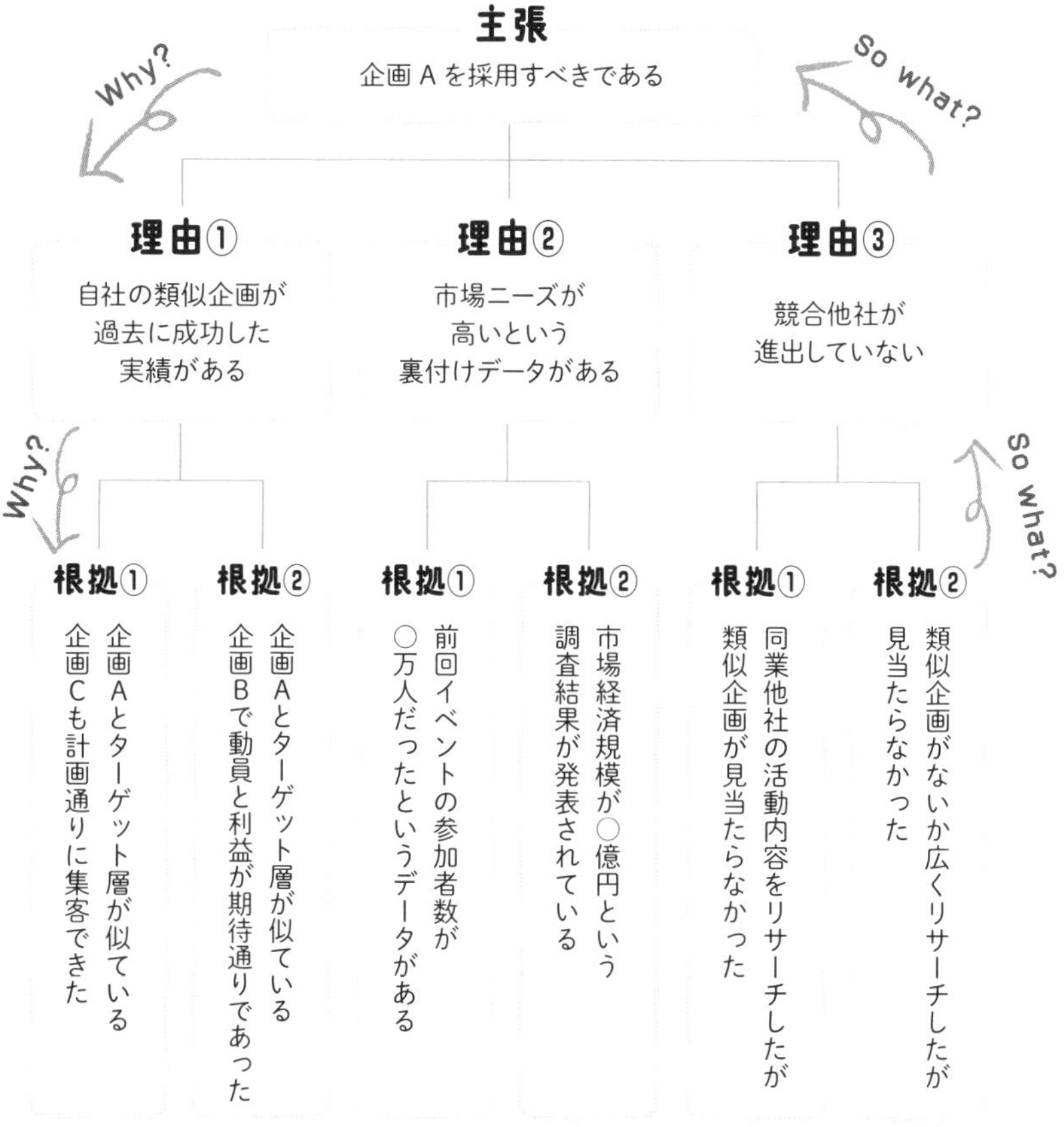

20

何がダメだったのかわからない

宛先：鈴木様
Cc：○○プロジェクトチームメーリス
件名：【要確認】修正版の見積もり
田所さん　Cc：メンバー各位
お疲れさまです。田村です。
表題の件、クライアントのクレームで修正
先方が希望する条件の範囲で
あれ？
このメール
もしかして…？
社内メンバーに
送信…と
取引先・鈴木さん
A社・田村さん

Case 20 episode

あるプロジェクトチームに参加している田村さん。クライアントとのやりとりを行う窓口や、チーム内の調整を任されています。クライアント側の窓口である鈴木さんとは良好な関係を築けていましたが、ある日突然、先方から「窓口を他の人に代えてください」と言われてしまいました。原因がわからないのでどう対応すべきかわからず……。

ピラミッド
ストラクチャーを
使って、深掘り
してみましょう！
原因

A まずは関係悪化の原因を深掘り

「何がダメだったのか」を突き止める方法

クライアントとの関係がうまくいっていないときに、「なぜか嫌われてしまっている」「担当者が気難しいみたいで……」と、原因を深掘りせずに放置しているシーンをしばしば見かけます。

「なんとなくウマが合わない」「印象がよくない」といった情緒的な理由で、人間関係がうまくいかない場合ももちろんあります。しかし、多くの場合は何らかのきっかけや原因があると考えたほうがいいでしょう。

そのようなケースで有効なのがピラミッドストラクチャーを使った、原因の掘り下げです。ピラミッドストラクチャーは自分の主張を論理的に展開するためのフレームワークですが、何か1つのテーマについて思考を深めたいときにも役立ちます。

田村さんの場合は、「窓口担当を外されてしまった」という〝結果〟を分析の起点として、思い当たる理由を掘り下げていきます。そして、その根拠となる具体的な事例を書き出していけば、本当の理由が見えてくるでしょう。

たとえば、左ページのようなピラミッドストラクチャーが作成できます。

結論
窓口担当を外されてしまった

理由①
メールの誤送信があった

- **根拠①** 社内メールのCcに間違えてクライアントのアドレスを入れてしまったことがある　**事実**
- **根拠②** 間違えて他社の資料をメール添付して送ったことがある　**事実**

理由②
コミュニケーションを取りづらかった

- **根拠①** 文章を書くのが苦手だからわかりにくいメールを送ってしまっていたかもしれない　**推測**
- **根拠②** 時々、話が噛み合わないことがあったような気がする　**推測**

理由③
他にふさわしい人がいる

- **根拠①** 同じチームのAさんのほうがレスが早いので、ふさわしいと思われたのかもしれない　**推測**
- **根拠②** 同じチームのCさんが頼りになるので、窓口兼相談役としてふさわしいかもしれない　**推測**

このピラミッドストラクチャーを見ると、理由①には具体的な根拠があるのに対し、理由②と理由③の根拠は推測の域を出ていません。そうした具体的な事例まで掘り下げられない理由を〝真因〟としてしまうと、適切な改善につながらないので注意する必要があります。

つまり、このケースでは「メールの誤送信」が理由で窓口を外された可能性が高いと考えられます。

田村さんにとってはささいなミスだったかもしれませんが、宛先や添付ファイルの間違いは重大な情報漏えいにつながりかねません。このまま田村さんに窓口を任せることに、クライアントは危機感を抱いたのでしょう。

事実、社内メンバー同士のやりとりをクライアントに誤送信してしまうのは、かなりリスクの高いミスです。Ccのアドレスの入れ間違いや、メーリングリストの選択ミスなどが原因で起こりやすいようです。

「(クライアントは)重箱の隅突きばっかりだから(笑)」のような身内ノリのメールを誤送信してしまえば、信頼低下は避けられないでしょう。外部には見せられない、見積もり書などのやりとりが流出する恐れもあります。

田村さんのケースでは、窓口担当者の交代くらいで済みましたが、契約の打ち切りにもつながりかねません。

ピラミッドストラクチャーで対策を見つける

さて、ピラミッドストラクチャーを使って「ダメな状態」を分析していくことで、関係悪化の原因が突き止められました。次に考えていきたいのが再発の防止です。

「どうしてこのようなミスが起きたのか」を、ピラミッドストラクチャーで掘り下げていけば、予防策や改善策を考えることもできます。

「メールの誤送信でクライアントとの関係性が悪化した」という結果から分析をスタート。そして、誤送信による関係性悪化の理由を書き出し、その下の階層にはミスが起きた根拠や背景を記入していきます。

ピラミッドの1番下に入る項目に対して具体的な対策を打つことで、同様のトラブルを防ぐことができるという仕組みです。ピラミッドストラクチャーの具体例は、次のページで紹介します。

「メールチェックのためのシステムを導入する」といった、大がかりな対策を実行するのは難しいかもしれませんが、個人レベルでの業務改善に役立てられるアイデアも出てくるはずです。

結論

メールの誤送信で
クライアントとの関係性が悪化した

理由①

社内用と間違えて
社外用メーリングリストに
不適切なメールを
送ってしまった

- **根拠①**
  社外用と社内用メーリングリストのアドレスが似ているため誤送信しやすい
- **根拠②**
  プロジェクトチーム内の連絡にメールを使っているため誤送信が発生しやすい

理由②

宛先や内容を
確認せずに
メールを誤送信した

- **根拠①**
  送信前のメールをチェックするためのシステムなど、誤送信を防ぐための仕組みがない
- **根拠②**
  メールを作成し終わってから送信するまでの間に再確認を行っていなかった

理由③

クライアントに
送ってはいけない
ファイルを誤送信
してしまった

- **根拠①**
  似たような名前のファイルが多く、見間違いをしやすい
- **根拠②**
  デスクトップがいろんなファイルで散らかっているため誤ったファイルを添付しやすい

「ファイル名を見間違えた」なら、ファイル名の頭に【社内】と入れて、ひと目でわかるようにするなど、自分が気をつけるだけで対策可能です。

このようにピラミッドストラクチャーで整理すれば、どうすればいいかわからない問題にも具体的な解決策を見つけることができます。

Case 20

まとめ

起こってしまった事態をピラミッドの頂点に置き、原因を深掘り&防止策を立案

★

具体的な事柄まで掘り下げられず、推測の域を出ないなら、それは真因ではない

21
前例のない仕事を丸投げされた！

Case 21 episode

メーカー系の中小企業に勤めている橋本さん。広報やマーケティング周りの仕事をしています。ある日、上司から「うちの会社のWebメディアを立ち上げてほしい。ほかの社員はデジタルに弱いから、キミに一任するね」と仕事を頼まれました。しかし、Webメディアの立ち上げは橋本さんも未経験。何から始めればいいのか、途方に暮れてしまい……。

GOAL
「自社ブランドの認知拡大」
Webメディア
立ち上げ
?
適切なゴールを
設定するのが
最初の1歩！

A プロジェクトチームのゴールを設定！

「Webメディア立ち上げ」がゴールじゃない

前例がない仕事に取り組むための足がかりを作る際にも、ピラミッドストラクチャーは有効です。しかし、Case20と違って「起こってしまった結果」がないため、何を結論（ゴール）に設定すべきかが難しいところ。

素直に考えると、「Webメディアを立ち上げる」を1番上のボックスに入れたくなりますが、そうすると「Webメディアを立ち上げるべきだ」という主張をするためのピラミッドストラクチャーになってしまいます（左ページ図①参照）。

これでは橋本さんに必要なアクションは見えてきません。

具体的なアクションとなると、「Webメディアを立ち上げるために必要なもの」を1番上のボックスに入れたくなりますが、「コンテンツが必要」「Webサイトの構築ツールが必要」「サーバが必要」といったパーツを羅列することに。これではピラミッドストラクチャーではなく、要素分解をするためのロジックツリーになってしまいます（左ページ図②参照）。

使えるピラミッドストラクチャーにするためには、合理的な根拠が積み上がり、最終的に主張に結びつくような構造を形作る必要があるのです。

図①

結論
Webメディアを
立ち上げる

理由①
オンラインで
ユーザーとの
タッチポイントが必要

理由②
情報発信をすることで
リードナーチャリングを
実施したい

理由③
自社独自の
情報に価値があり
広告収入につなげられる
可能性がある

Webメディアを立ち上げるためのプレゼンには有用だが、
「Webメディアを立ち上げるには何をすべきか」はわからないまま

図②

結論
Webメディアを
立ち上げるために必要なもの

理由①
ある程度リッチな表現を
実現するには
サイト構築ツールが必要

理由②
メディアを充実させるため
10～20本ほどの
コンテンツが必要

理由③
Webメディアのデータを
保存しておくための
サーバが必要

Webメディアを立ち上げるために必要な"パーツ"は見えてくるが、
「Webメディアを立ち上げるには何をすべきか」はわからないまま

このように結論の設定を誤ってしまうと、どれだけ深掘りをしても正しい論理は展開できません。

適切な結論を設定するために、まず〝本当のゴール〟について考えます。橋本さんは「自社Ｗｅｂメディアの立ち上げ」という仕事を任されましたが、会社はなぜＷｅｂメディアを立ち上げたいのでしょう。Ｗｅｂメディアを立ち上げることで、独自の情報を発信したい、自社の認知度を向上させたい、といった狙いがあるはずです。そして、それらの狙いが売上や利益につながっている必要があります。

こうして思考を深めていくと「Ｗｅｂメディアを立ち上げてビジネスを成功へと導く」ことが、ピラミッドストラクチャーの結論になりえると考えられます。つまり、実現すべき「Ｗｅｂメディアのビジネス的ゴール・成功像」を結論として定義すると、起こすべきアクションが見えてきそうです。

たとえば、橋本さんの会社が「高品質な商品があるのに、認知度の低さが原因で売上が伸び悩んでいる」という課題を抱えているなら、「Ｗｅｂメディアの立ち上げによって、自社ブランドの認知拡大を実現する」という結論が頂点に入ることになるでしょう。

結論

Webメディア立ち上げによって、
自社ブランドの認知拡大を実現する

理由①

今までにない
顧客層との
タッチポイントが
できる

根拠①
地方のメーカーの商品がSNSやECサイトを介して、全国区の知名度を得た事例がある

根拠②
実店舗に来店する顧客はどうしても近隣の人に限られるがWeb上では思いがけない層にも情報が届く

理由②

コンテンツを作って
情報発信することで
顧客育成が
期待できる

根拠①
Webメディアのコンテンツで「自社商品のある暮らし」や「使用イメージ」を喚起する

根拠②
商品に関する情報を発信し、知識を深めてもらうことでアップセル、クロスセルにつながる

理由③

双方向的な
コミュニケーション
による顧客のファン化
が見込める

根拠①
顧客が発信する情報を企業側がピックアップすることで「より好き・身近」に感じられる

根拠②
顧客とのコミュニケーションによってユーザーに対する解像度が上がり、魅力的な商品・サービスにつながる

**自社ブランドの認知拡大を実現するための手段は、
Webメディア立ち上げだけではないことが見えてくる……**

前ページのピラミッドストラクチャーでは、２番目のボックスには、「Ｗｅｂメディアの立ち上げによって自社の認知度が向上する理由」が入っています。

そして、３番目のボックスには、①〜③の理由に対する具体的な根拠や成功事例が入るわけですが、これらを深掘りしていくと、理由②や③はＷｅｂメディアでしか達成できないわけではないということが見えてくるはずです。たとえば、商品情報の発信や顧客との双方向コミュニケーションには、ＳＮＳのほうが向いているでしょう。

こうしたブレが出てくるのは、その主張がピラミッドの頂点として適切でないからです。このようにピラミッドストラクチャーが論理的に成立していないことがわかったら、一度立ち止まって、結論を見直す必要があります。

たとえば②と③の根拠からは、橋本さんの会社に本当に必要なのは、「Ｗｅｂメディアの立ち上げ」ではなく、「デジタルのタッチポイントを増やしてファンや顧客の増加を目指すこと」ではないか、と推測できます。

もちろんＷｅｂメディアの立ち上げも有効な手段の１つではありますが、ＳＮＳを使った広告や動画コンテンツの投稿など、よりコストとリスクが低い手段も考えられるでしょう。

正解や前例のない仕事に取り組むときには、まずピラミッドストラクチャーでロジックを整理することが大事です。

そして、ピラミッドストラクチャーの作成に行き詰まったら、主張が間違っていないか見直しましょう。

このようにピラミッドストラクチャーの作成と修正を繰り返すことで、思考を整理することができます。すると、当初は想定していなかった、より適切なアクションを導き出すこともできるのです。

Case21
まとめ

「何をすべきか」を導くためには、本当のゴールをピラミッドの頂点に置いて掘り下げる

★

ピラミッドの頂点に書く内容が適切でないと、正しい論理は展開できない

22

積極的に営業しても結果が出ない

Case 22 episode

訪問販売員としてセミオーダーの枕を売っている池田さん。自社商品を使っている自身の体験談を伝えたり、いかに素材にこだわっているかがわかるパンフレットを渡したりと、積極的な営業活動をしていますが、なかなか成果につながりません。商品の魅力は十分に伝えられている自信があるだけに、どのように改善すればいいかわからず悩んでいます。

セールスされる側の気持ちを想像して深掘りしてみましょう
セールスお断り
突然来ないで!

A 「買いたい理由」を深掘ってみよう

セールスは基本的に〝迷惑〟である

訪問販売というのは非常に成約率が低いセールス手法だといいます。なぜなら、セールスされる側が望まないタイミングで訪問し、自社商品を売り込もうとしているからです。

池田さんは自社商品の品質を信頼し、「よい商品をおすすめすることが相手の利益になる」と自信を持っています。そのため、商品の魅力を伝えることさえできれば購入につながると考えているようです。

しかし、訪問販売を受ける側からすると、自分が購入を検討していないものを売り込みに来られるのは基本的に迷惑なこと。池田さんは、まずこの認識を持つところから始める必要があるでしょう。

「多くの人は訪問販売を迷惑だと感じている」という前提条件からスタートして、次に「では、どうすれば話を聞いてみたくなるか」とセールスされる側の視点でロジックを整理していきます。そしてゴールは「訪問販売でセールスされた商品を買いたくなる」と設定できるでしょう。

池田さんのケースに落とし込むと、左ページの図のように「訪問販売でセミオーダーの枕が買いたくなる」が、ピラミッドストラクチャーの頂点に入ります。

結論
訪問販売で
セミオーダーの枕が買いたくなる

理由①
たまたま
枕の買い替えを
検討していた

根拠①
市販の枕で合うものが見つからず
首・肩のコリがひどいので、オーダーメイドの枕を買いたかった

根拠②
いろんなメーカーがあって、どれを選べばいいか迷っていたので、
話を聞いて納得感があれば買いたい

理由②
店舗に行かなくても
自宅でアフターケアが
受けられる

根拠①
セミオーダーの枕はアフターケアが必須だが、近くに販売店がなく、
自宅でアフターケアが受けられれば購入目的になる

根拠②
在宅勤務で外出する機会が少ない人にとって、
自宅でサービスを受けられるのは魅力

理由③
販売員から
マンツーマンで
納得のいく説明が
受けられた

根拠①
専門店では販売員を独占しにくいが、
訪問販売なら納得いくまで説明を受けてから購入を決められる

根拠②
他社との比較資料など客観的な情報も提示されたので、
説明の内容に納得感があった

前ページのピラミッドストラクチャーでは、セールスをされる側の視点から「枕を買いたくなる理由」を挙げてみました。

すると、「素材へのこだわり」をはじめとした売り手の主張が、アピールポイントとして弱いことが見えてくるはずです。自分が相手に伝えたいことが、相手にとって魅力的とは限りません。

池田さんのようにセールスの成績が伸び悩んでいる人は、自分が主張したいセールスポイントよりも、買い手にとってのメリットを伝えることを重視すると改善策が見えてくるでしょう。

〝傾聴〟がセールスのタネになる

セールスをする側からされる側に視点を変えることで、自社商品の売り込み方が変わるように、多様な視点を持つことでセールストークの内容も変わります。

たとえば左ページの図のように、「働き盛りで健康な20代男性」と「ひどい肩こりに悩んでいる50代女性」とでは、「セミオーダーの枕を買いたい理由」が異なるでしょう。

このように、相手の困りごとやニーズをヒアリングする〝傾聴〟の姿勢を心がけ

健康な20代男性が枕を買いたい理由

結論

セミオーダーの枕を買いたい

理由①
セミオーダーの枕を使って質のよい眠りを手に入れたい

理由②
体に不調が現れる前に自己投資をしておきたい

理由③
体を鍛えているので、正しい姿勢を保ちたい

「体をよりよい状態に保ちたい」というニーズがある

肩こりに悩む50代女性が枕を買いたい理由

結論

セミオーダーの枕を買いたい

理由①
肩こりがひどいので自分の体に合った枕がほしい

理由②
整骨院に通うよりも枕を変えるほうが安く済む

理由③
これ以上悪化する前に体のケアをきちんとしたい

「肩こりの悩みを改善したい・悪化させたくない」というニーズがある

ていれば、直接の成果にならなくても、セールストークの幅が広がり、営業としての成長につながるはずです。

買い手のニーズをていねいにヒアリングし、タイプ別にピラミッドストラクチャーを作成しておけば、よりよい提案ができるようになっていくでしょう。

また、売り手が想定していない顧客ニーズを拾うことができれば、新商品開発につながるアイデアが見つかるかもしれません。

Case 22
まとめ

相手が「買いたくなる理由」をピラミッドストラクチャーで深掘りすれば手がかりが見える

★

お客様からのヒアリング内容をもとにピラミッドストラクチャーを作成しておくのも有効

column 08

心がラクになる整理思考

Question

トラブル対応のとき、どういう心持ちでいればいい？

Answer

不測のトラブルが起きると、何をどうすればいいのかわからなくて、必要以上に動揺してしまうことがあります。

このようなシチュエーションで大事なのは、適切な対応手順を1つずつこなしていくこと。まずは、関係者を集めて現状を確認し、対処方法を探ります。

どうしてもあせってしまうなら、あえてもっとひどい事態を想像し、「現状はそこまで悪くない」と思って心を落ち着けるのも有効です。

絶対にやってはいけないのが、自分や関係者を責めること。人を責める空気の中では心理的安全性が下がり、トラブル対応のための建設的な話し合いができなくなります。

また、責められる気配がなければ、トラブルの当事者は再発防止に役立つ情報を提供しやすくなります。トラブルの原因や発生時の状況など、当事者でなければわからないことを共有してもらえれば、ほかの人にとってもメリットがあるはずです。

実際には、再発防止マニュアルの内容が細かすぎ、結局活用されていない現場も少なくありません。場合に応じて、再発防止策が本当に必要かどうか見極めることも大切です。

23

クライアントの要望 応じる？応じない？

Case 23 episode

担当しているクライアントから「お願いしていた案件なんですけど、納期を１週間ほど短縮できませんか？」と相談を受けた近藤さん。懇意にしているクライアントなので要望を受け入れたいところですが、納期を１週間も短縮するのは、なかなか大変です。ちょっと無理をしてでも引き受けるべきか断るべきか、判断に困ってしまい……。

２つの理由を
比較して
合理的なほうを
採用します
合理
やる
理由
やらない
理由

A 「やらない理由」と「やる理由」を比較しよう

ピラミッドを2つ作ってみよう

仕事をしていると、複数の選択肢の中からどれを選ぶべきなのか、判断に困ってしまうシーンが多々あるでしょう。特にどの選択肢にもそれぞれメリットとデメリットがある場合において、迷ってしまいがちです。

近藤さんも、頑張れば〝できないことはない〟相談だからこそ判断に困ってしまっています。ランチのメニューならなんとなく決めてしまっても問題ありませんが、仕事となるとそうはいきません。

判断に困る相談を持ちかけられた場合、安請け合いせず、その場で即答しないのが基本です。そして相談ごとを持ち帰ったうえで、自分なりに状況を整理して先輩や上司に相談するようにしましょう。

このケースだと、まずは「クライアントの要望を受け入れたほうがいい」と「クライアントの要望を受け入れないほうがいい」、それぞれの結論を頂点としたピラミッドストラクチャーを作成することに。

そして、社内の状況や今後のクライアントとの関係性などを加味して「受け入れたほうがいい理由」と「受け入れないほうがいい理由」を掘り下げていくと、次のページのようなピラミッドストラクチャーが出来上がります。

結論
クライアントの要望を受け入れる

理由①
ここで期待に応えたらさらなる受注につながりそうだ

根拠①
クライアントの事業が拡大傾向にある

根拠②
クライアントから実際に、案件増加の可能性を示唆されている

理由②
今は社内のリソースに比較的余裕がある

根拠①
制作部署に確認したところ、急ぎの案件は抱えていなかった

根拠②
全社的に閑散期にあたるから、リソースが逼迫していない

理由③
クライアントとの信頼関係をより強固にしておきたい

根拠①
大口顧客との定期的な取り引きを増やしたいという実情がある

根拠②
イレギュラーにも対応できることをクライアントに示せたら、依頼の幅が広がる

結論
クライアントの要望を受け入れない

- **理由①** 常態化すると後々負担が大きくなる
  - **根拠①** 一度、納期短縮を受け入れると短縮した納期がデフォルトになった過去事例がある
  - **根拠②** 何か起きたときの対策が「納期を短縮する」の一択になってしまう可能性がある
- **理由②** 営業部に対する制作現場の不満が高まる
  - **根拠①** 常に制作部を飽和状態にすると現場が疲弊し、不満がたまる
  - **根拠②** 現場に負荷をかけているのに、「案件増加」以外のメリットがない
- **理由③** 言うことを聞きすぎるとクライアントとの力関係がいびつになる
  - **根拠①** 要望をすべて受け入れると「無理を聞いてくれる」と思われる
  - **根拠②** 特定のクライアントだけに依存すると逆らえなくなってしまう

ピラミッドストラクチャーを作成するときに気をつけたいのが、「納期短縮のための社内調整が面倒くさい」といった理由を挙げてしまうこと。感覚的な理由を判断材料に入れると合理性が失われ、「なんとなく」で決めるのと同じことになってしまいます。

相談プロセスの効率化にも

ピラミッドストラクチャーが完成したら、必要に応じて上司や先輩に相談しましょう。近藤さんのケースのように、他部署を巻き込むような案件は上司の判断を仰ぐのが適切な対応です。

「結局上司が判断するなら、ピラミッドストラクチャーは不要では？」と思われるかもしれません。しかし、何もない状態で相談してしまうと、状況整理や認識合わせに上司を付き合わせることになります。

また、「何も考えていない」「判断を丸投げしている」という悪印象を与える恐れもあるため、ピラミッドストラクチャーを作成したうえで、「自分はこうしたほうがいいと考えていますが、いかがでしょう」と相談するようにしましょう。

そうすれば上司がスムーズに意思決定を行えるので、相談プロセスの効率化にも役立ちます。たとえ、自分の提案が採用されなかったとしても、上司から不採用の理由をフィードバックしてもらうことで、今後の参考にできるでしょう。

事実ベースで合理的に考える

ピラミッドストラクチャーを作成するときや、自分なりの判断を下すときには、各根拠の合理性を重視することを意識してみてください。

先にも述べましたが、「なんとなくやりたくない」「面倒くさい」といった感情がベースにある状態でピラミッドストラクチャーを作成すると、「要望を受け入れたくない」という結論ありきで思考を進めることになってしまいます。

せっかくピラミッドストラクチャーを使って思考を整理しているのに、感情が先に立ってしまっては台無しになるので注意が必要です。

また、社内の状況を正しく把握しておくことも重要なポイントになります。ろくに確認しないまま、「最近、そんなに忙しくなさそうだから大丈夫だろう」という思い込みで「社内のラインに余裕がある」という根拠を挙げてしまうと、その理由に基づいて誤った判断をしてしまう恐れがあります。現場には「実は来週頭から大ロの案件があって忙しい」などの事情があるかもしれません。そのため、3番目のボックスに入る「根拠」については、推測が含まれるものをそのままにせず、きちんと裏取りをしておくようにしましょう。すると、〝見込み違い〟を起こしにくくなるはずです。

このように、ピラミッドストラクチャーを使った思考プロセスの可視化を繰り返すことで、意思決定の精度やスピードが向上していくというメリットも期待できます。

Case 23
まとめ

2つの選択肢を比べるときは、どちらも掘り下げてみて合理的なほうを採用する

★

感情が先に立つとせっかくのロジックが台無しになり、判断を誤ることがある

24

どこがゴールかわからない

勤務実態が把握できないのは困ります
管理が厳しいと見張られているみたいで嫌だなぁ
サボりぐせがあるからほどほどに管理してほしいな
どの意見も一理あるから難しいな……

Case 24 episode

森さんの会社ではリモートワークの普及に伴い、勤怠管理の方法を見直すことになりました。周囲の社員にヒアリングをしてみると、「厳しい勤怠管理は嫌だなぁ」という人がいれば、「ちゃんと管理してほしい」という人も。それぞれの意見に「なるほど」と思う部分があるものの、ルールは統一しなければいけません。一体どうすれば？

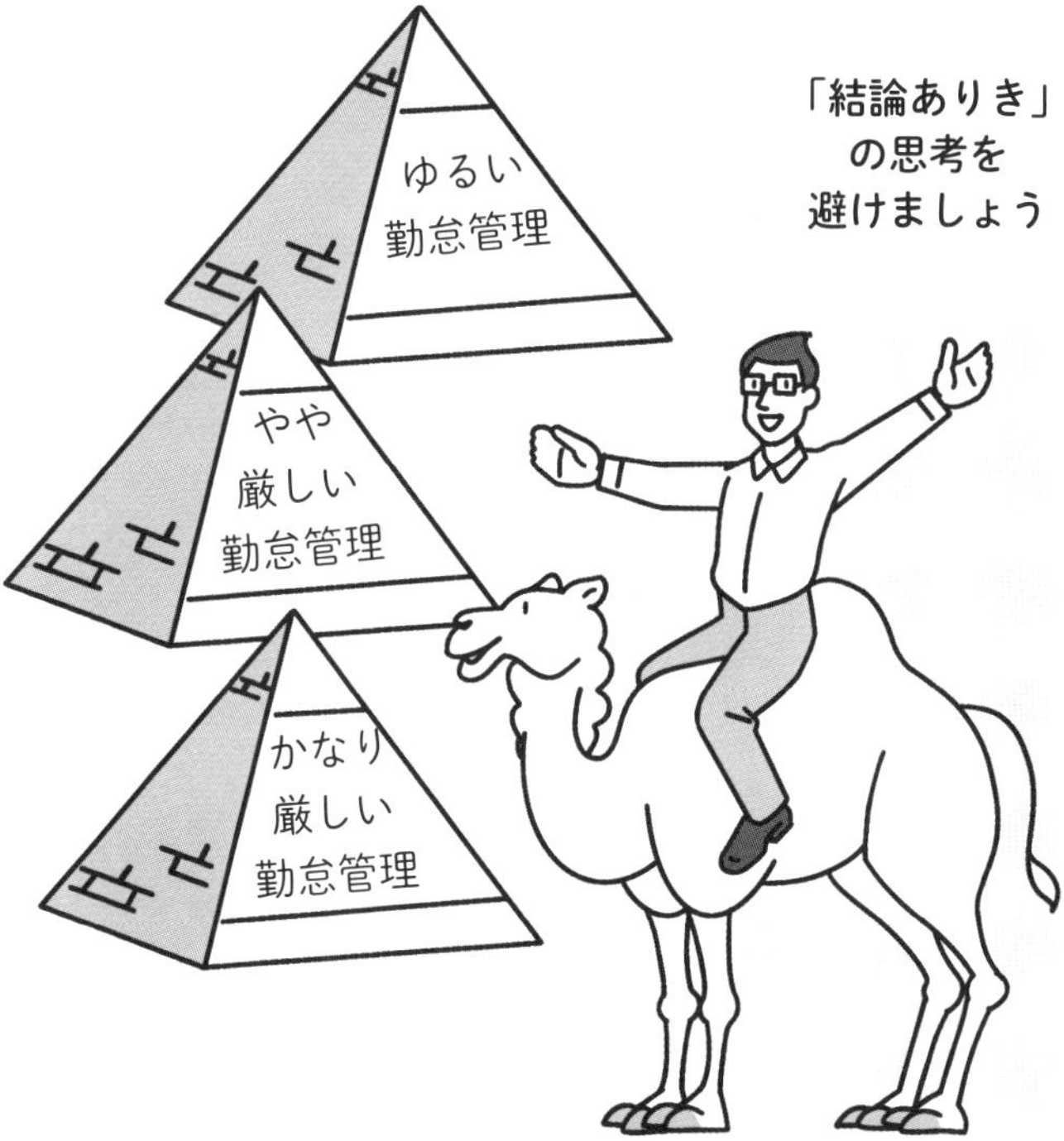

A ピラミッド同士を比べてみよう

厳しく管理する？　ゆるく管理する？

リモートワークが普及し始めてから、「始業時間と終業時間をどう設定すればいいかわからない」「オンライン上で社員の勤怠を管理するための手間がわずらわしい」など、勤怠管理に関する悩みが増えているようです。

最適な管理手法は企業によって異なるため、〝ゴール〟をどこに設定すればいいのかがわからなくて悩んでしまうのでしょう。こうした悩みは勤怠管理だけでなく、絶対的な正解がない業務の多くに共通しています。

森さんの場合も、ゆるい勤怠管理と厳しい勤怠管理の両方に、それなりのメリットとデメリットを認めているため、〝ゴール〟を決めきれずにいるのでしょう。

始業時間と終業時間は決めずにコアタイムだけ設定しておくようなゆるい勤怠管理なら、個々の裁量に任せられる部分が大きいので、多様な働き方が実現できるというメリットが見込めます。一方で、自己管理が苦手な人の生産性が落ちてしまうというデメリットが考えられるでしょう。

かなり厳しい勤怠管理の中には、管理システムをＰＣにインストールして操作ログを取得するという手法があり、サボりの防止やセキュリティ対策としては有用です。しかし、管理業務が煩雑になる、会社から見張られているように感じる社員がいる、といったデメリットが挙げられます。

結局は、どんな手法をとってもそれぞれのメリットとデメリットがあるように思われるかもしれません。しかし、自律的な働き方ができる社員が多い職場に厳しい勤怠管理はなじみませんし、自己管理が苦手な人が多い職場でゆるい勤怠管理を採用すると、生産性がガクッと落ちる恐れがあります。

適切な"ゴール"を設定するためには、それぞれのやり方を主張するためのピラミッドストラクチャーを作成して、どれが自社のカルチャーとフィットするかを調べる、という手法が有効です。

この手法は、ほかの社内ルール設定にも応用できます。

まずは、森さんのケースを例にとって、「ゆるい勤怠管理を採用するべきだ」「やや厳しい勤怠管理を採用するべきだ」「かなり厳しい勤怠管理を採用すべきだ」の3パターンを比較してみることにしましょう。

次のページからは、ピラミッドストラクチャーの作例3パターンをお見せします。

「ゆるい勤怠管理」のピラミッドストラクチャー例

結論
「ゆるい勤怠管理」を
実施すべきだ

- **理由①** 多様な働き方が実現できる
  - **根拠①** 子どもの送迎や私用での中抜けなど、ライフスタイルに合わせた働き方ができる
  - **根拠②** 繁忙期と閑散期の勤務時間を個人の裁量に任せられる
- **理由②** 勤怠管理の負担が軽減できる
  - **根拠①** 勤怠管理を厳しくすると、管理業務に時間と手間がかかりすぎてしまう
  - **根拠②** 休憩するたびに打刻しないといけなくなると、打刻忘れが発生しやすいうえ、社員側の負荷も大きくなる
- **理由③** 社員の不満がたまりにくい
  - **根拠①** 勤怠管理が厳しすぎると、「会社から見張られている」と社員がストレスに感じやすい
  - **根拠②** 統一の始業時刻・終業時刻にしばられず、好きな時間に勤務できるので社員のＱＯＬが上がる

「やや厳しい勤怠管理」のピラミッドストラクチャー例

結論
「やや厳しい勤怠管理」を
実施すべきだ

理由①
メリハリのある
働き方ができる

- **根拠①**
出退勤の時間を決めておくと
ダラダラと働き続けることがなくなる

- **根拠②**
自己管理が苦手な人も
就業時間に合わせて規則正しい生活ができる

理由②
仕事上の
コミュニケーションが
スムーズになる

- **根拠①**
社員同士のミーティングをセッティングしやすくなる

- **根拠②**
勤務時間が変則的な人が多いと
クライアントとのやりとりに支障をきたす

理由③
管理業務の
負荷を抑えつつ
社員の働きぶりを
チェックできる

- **根拠①**
管理業務が少し増えるが、そもそも
人事考課などのために働きぶりを把握しておくべき

- **根拠②**
クラウドサービスなどを使えば
最低限の負荷で勤務実態を把握することができる

「かなり厳しい勤怠管理」のピラミッドストラクチャー例

結論

「かなり厳しい勤怠管理」を
実施すべきだ

理由①

機密情報を多く
取り扱っている

- **根拠①** トラブルが起きた際に「いつ・誰が・何を」していたか参照できる履歴が必要になる
- **根拠②** 会社が許可していないソフトやアプリを勝手にインストールしないように操作ログを取得したい

理由②

正社員以外の
雇用形態にも
対応できる

- **根拠①** 業務委託のスタッフがいるので依頼事項にかかる工数・時間を把握する必要がある
- **根拠②** 時間給で雇用しているアシスタントスタッフがいる

理由③

社員の勤務実態を
細かく把握して
おきたい

- **根拠①** 1分単位で残業代を出しているので細かい勤怠管理を行う必要がある
- **根拠②** 勤務実態のログを蓄積して、働き方の改善や業務効率化に活用したい

森さんの会社の特徴

- **多様な働き方をしている社員が多い**
- 自己管理が苦手な社員は全体の1〜2割ほど
- **社員同士の連携が重要な業務が多い**
- クライアントとやりとりするのは営業部のみ
- 社内ミーティングはそんなに多くない
- **機密情報を扱うことはほとんどない**
- 社内のコミュニケーションはチャットツールが中心
- **業務委託やパートのスタッフはいない**
- 勤務地は決まっておらず、リモートワークが中心

ピラミッドストラクチャーの使い方

これらのピラミッドストラクチャーを作成するときに注意したいのが、職場の特徴を反映しないこと。ピラミッドストラクチャー作成の段階で、職場の特徴を加味してしまうと、結論ありきのロジックを補強することになってしまうからです。

まずは、一般的な理由を前提としたピラミッドストラクチャーを作成してみましょう。

そして次に、業務内容や社員の性質といった職場の特徴を、上の図のように書き出していきましょう。特に重要なものは太字にするなど、それぞれの重要度がわかるようにしておきます。

そして、これらの特徴に対して、どの勤怠管理方法が適正かを照らし合わせていくと、客観的な判断ができるようになります。

たとえば、「多様な働き方をしている社員が多い」という特徴に対しては、「ゆるい勤怠管理」が適正だと判断できるでしょう。一方で、「社員同士の連携が重要な業務が多い」という特徴に対しては、「やや厳しい勤怠管理」が適正だと考えられます。

もちろん、すべての条件を完璧に満たすことはできません。多様な働き方をしているメンバーが多いものの、やや厳しい勤怠管理を行うべきだという結論に達することもあるでしょう。

どのような結論を導き出すかは、対応する項目の数や重要度が基準になると考えられます。

このように合理的な精査を重ねて下した判断なら、すべての人の要望を叶えられなくても、納得と協力が得られやすいはずです。

正解のない問題への合理的アプローチ

絶対的な正解がない問題や、自分の頭で考えて解決しないといけない問題と向き合う際に、ピラミッドストラクチャーは役立ちます。

ただし、答えはすぐに導き出せるとは限りません。Case21（↓P172）のように「結論」を間違えてやり直しになったり、このケースのようにいくつものピラミッドストラクチャーを作成・比較しないといけなかったりと、試行錯誤が必要になることも少なくないでしょう。

しかし、ピラミッドストラクチャーを地道に使い続けることで、問題解決の道筋が見つかり、論理思考をするクセも身につけられるでしょう。

Case24 まとめ

どこを目指すのか迷ったときは、まずそれぞれのゴールを掘り下げてみる

★

ピラミッドストラクチャーが出来上がったあとで、自社や自分にどれが合うのかを考える

おわりに

これまでに仕事術に関する本を2冊書きましたが、コロナ禍を経てリモートワークが一般化した現在、働き方は変化しています。本書は、そうした時代に私が意識的に実践している仕事のコツをまとめたものです。

リモートワークは相手が目の前にいない状況で意思疎通をするため、相手がどれくらい忙しい状況なのか、すぐには把握できません。相手のやっていることや忙しさに気づけず、お互いが状況を楽観的に捉え続けて、後からトラブルになるという場面を何度も見ました。

しかし、コロナ禍以前と以後でまったく異なる働き方が求められているわけではありません。今までやってきた仕事のリスクコントロールをもう少しちゃんとやろうという話です。

仕事をうまく進めるには、相手に期待を持たないことです。自分が何もしなければ相手は失敗する。その前提で、相手がうまく仕事を進めるために自分は何をすればいいのか。コンサルタントはそう考えて仕事のリスクをコントロールします。

相手の状況が見えにくくなったことで、自分を相手から見えやすくする工夫が必要になりますし、相手をもっとよく知るための行動も必要になります。

やることが増えると仕事が辛くなりますよね。ですから、無理をしない働き方も必要です。

時代の変化を感じて働き方を工夫している人はまだそれほど多くありません。本書の内容を少しでも実践してくれれば、周りの人より少しだけラクに仕事ができるようになります。

1つでも試してそれを実感し、それを励みに実践範囲をさらに拡げていけば、あなたもいつのまにか「テキパキと仕事ができる人」になっていることでしょう。

本書が、あなたの仕事を少しでもラクにすることを願っています。

著者プロフィール

吉澤準特（よしざわ・じゅんとく）

コンサルティングファーム勤務。専門領域における日本支社の実務責任者を務める。IT 部門に対するコンサルティングを手がけ、ロジカルシンキング／図解作成／文章術／仕事術／ファシリテーション／コーチングにも造詣が深い。著書：『超・整理術』（三笠書房）、『図解作成の基本』（すばる舎）、『資料作成の基本』『フレームワーク使いこなしブック』(日本能率協会マネジメントセンター)、『外資系コンサルのビジネス文書作成術』（東洋経済新報社）、『外資系コンサルの仕事を片づける技術』（ダイヤモンド社）など多数。

“はかどる人”の整理思考

2023年 3 月25日　初版発行

著　者　吉　澤　準　特
発行者　富　永　靖　弘
印刷所　株式会社高山

発行所　東京都台東区 台東2丁目24　株式会社 新星出版社
〒110-0016 ☎03(3831)0743

ISBN978-4-405-10418-1